Eckart zur Nieden

IM SCHATTEN DES TUNNELS

Roman

BRUNNEN
Verlag GmbH · Giessen

FSC
www.fsc.org
MIX
Papier aus verantwortungsvollen Quellen
FSC® C014496

Lektorat: Carolin Kotthaus
Umschlagfoto: Adobe Stock
Umschlaggestaltung: Jonathan Maul
Satz: DTP Brunnen
Druck: GGP Media GmbH, Pößneck
ISBN Buch 978-3-7655-3764-6
ISBN E-Book 978-3-7655-7627-0
www.brunnen-verlag.de

PROLOG

IM JUNI 2021

„Es ist schön hier!" Hanna Montag schaut aus dem Fenster des Schienenbusses, der mit mäßigem Tempo durch den Taunus fährt. Äcker und Wiesen und gelegentlich ein Wäldchen ziehen vorbei.

„Sagte ich doch!", antwortet ihr Vater Jens, der neben ihr sitzt.

„Trotzdem leuchtet mir noch nicht ein, warum wir in dein Dörfchen fahren müssen. Konntest du mir deine Geschichte nicht auch zu Hause erzählen?"

„Natürlich hätte ich das auch gekonnt. Aber ich denke, wenn du alles siehst, verstehst du es besser. Mit deinen 23 Jahren wird es langsam Zeit, dass du die Wahrheit erfährst über das, was ich als junger Mann erfahren habe." Er legt die Hand auf ihren Arm. „Und es wird dir doch kein großes Opfer sein, mal das Wochenende mit deinem Papa auf dem Land zu verbringen, oder?"

„Natürlich nicht!" Die junge Frau schüttelt den Kopf. „Ich wundere mich nur. Ich habe schon seit einiger Zeit ein paar offene Fragen. Warum wurde ich zum Beispiel in Israel geboren? Natürlich weiß ich, dass ihr damals in einem Freiwilligendienst dort wart …"

„Genau. Und zwar organisiert von der Aktion Sühnezeichen. Es sollte nur ein Jahr sein, aber dann waren wir so drin in der Arbeit –"

„Dass ihr noch viel länger geblieben seid. Oder statt ‚ihr' muss ich wohl ‚wir' sagen." Hanna grinst. „Das alles weiß ich natürlich. Aber ich frage mich: warum? Ich kenne eure christliche Motivation. Aber es muss doch noch mehr dahinterstecken, wenn ein hoch qualifizierter Bauingenieur in einem fremden Land alte Leute betreut – in den besten Jahren seines Lebens ..."

Ihr Vater nickt. „Eben deshalb will ich dir nicht nur in wenigen Sätzen antworten, sondern eine Geschichte erzählen."

„Die hier spielt?"

„Genau. In Erlbruch."

„Und was hat dieses Ding damit zu tun?" Sie bückt sich und holt aus ihrer Tasche, die auf dem Boden steht, ein merkwürdiges Drahtgebilde hervor. Es war wohl einmal so groß wie ein Suppenteller, ist jetzt aber verbogen und zusammengedrückt. Reste von Pappe hängen dazwischen.

Jens Montag staunt. „Wo hast du das denn her?"

„Als ich Mama geholfen habe, den alten Koffer aus Israel auszuräumen, lag es unten drin. Doch als ich sie fragte, was es damit auf sich hat, sagte sie, ich solle dich fragen. Das hat dann wohl auch mit deiner Geschichte zu tun?"

„Ja, es spielt darin eine Rolle. Aber es ist nicht nur meine Geschichte, es ist unsere. Deine Mutter war auch dabei."

Hanna glättet ein Stück Pappe und deutet auf die Schrift darauf. „Man kann es nicht mehr gut lesen, aber ich habe es doch entziffert. ‚Ich bin jeden Tag bei euch', steht da.

In der Bibel kann man das bestimmt einfacher lesen als auf diesem Fetzen. Hier steht eine Bibelstelle … Oh!“

Es wird plötzlich dunkel und Hanna kann nichts mehr erkennen. Der Zug ist gerade in einen Tunnel gefahren.

„Wenn wir aus dem Tunnel herauskommen, sind wir da“, sagt Jens Montag. „Er ist nur 4,2 Kilometer lang.“

„Du kennst dich aber gut aus!“

„Ich war sogar schon zu Fuß hier drin!“, hört sie ihren Vater aus dem Dunkeln.

„Zu Fuß? Im Tunnel? Aber das ist doch gefährlich! Wenn ein Zug gekommen wäre …“

„Damals fuhren hier keine Züge. Aber gefährlich war es trotzdem.“

Hanna grinst, was ihr Vater natürlich nicht sehen kann. „Ich seh schon, du willst es besonders dramatisch machen und mich auf die Folter spannen, damit dir meine volle Aufmerksamkeit sicher ist, wenn du deine Story endlich loswirst.“

Ihr Vater antwortet nicht.

Nach einer Weile sagt er – leise, sodass Hanna es bei den Fahrtgeräuschen kaum versteht –: „Man spricht ja vom Licht am Ende des Tunnels. Ich habe das damals tatsächlich so erlebt. Bevor ich hierherkam, war es dunkel in meinen Gedanken und Gefühlen, was meine Lebenspläne und den Sinn des Lebens betraf. Aber dann ging mir sozusagen ein Licht auf.“

Jetzt wird es wieder hell. Der Zug verlässt den Tunnel, wird langsamer und hält schließlich an einem schlichten Bahnsteig.

Vater und Tochter nehmen ihr weniges Gepäck und steigen aus. Vor ihnen liegt das Dorf – Erlbruch.

Hanna macht sich mit ihrem Koffer auf den Weg. Zwar kennt sie sich nicht aus, aber es gibt nur diese eine Straße. Da merkt sie plötzlich, dass ihr Vater stehen geblieben ist. Neugierig kommt sie zurück, stellt sich neben ihn und schaut wie er auf eine bronzene Tafel, die an einem Felsen angebracht wurde. Sie überfliegt den Text. Da wird an Zwangsarbeiter erinnert, die im Krieg hier gearbeitet haben.

„Wenn ich es richtig einschätze", sagt Hanna, „hat diese Tafel auch mit deiner Geschichte zu tun."

„Ganz genau. Komm, lass uns gehen!"

Zehn Minuten später stehen sie vor dem Landgasthof, in dem sie sich angemeldet haben.

Der Wirt, etwa vierzig Jahre alt, kommt ihnen mit einem Lächeln entgegen. „Hallo Jens!", ruft er schon aus einiger Entfernung. „Ich darf doch noch Jens sagen?"

„Ja, gern! Ich werde mir auch erlauben, dich Leon zu nennen." Sie begrüßen sich mit Handschlag. „Du hast mich also noch erkannt."

„Das war nicht schwierig, weil ich in den Unterlagen deine Anmeldung gesehen habe. Jens Montag. Und das ist deine Tochter?"

„Ja, meine Tochter Hanna." Die beiden begrüßen sich ebenfalls.

„Verzeihung!", sagt der Wirt. „Eigentlich kommt die Dame zuerst dran. Aber da Ihr Vater und ich alte Bekannte sind … Kommt rein!"

Sie betreten die Gaststube. Wie in vielen Landgaststätten üblich hängen Hirschgeweihe an den Wänden, aber auch Bilder und eine Fahne von irgendeinem Verein, der hier seinen Stammtisch hat. Die Wand gegenüber dem Eingang ist schmucklos, bis auf einen Flugzeug-Propeller, der schräg in der Mitte der Wand angebracht ist.

Jens Montag zeigt darauf. „Ist das der von damals, der aus deinem Zimmer?"

„Ja", antwortet Leon. „Meine Frau wollte ihn weder im Schlafzimmer noch in der Wohnstube haben. Also habe ich ihn hier angebracht. Sieht doch gut aus, findest du nicht?"

„Ja, durchaus."

Lächelnd blickt der Wirt vom Propeller zu seinen Gästen. „Kommt, ich zeige euch eure Zimmer."

*

Eine knappe Stunde später sitzen Vater und Tochter wieder in der Gaststube und genießen als Abendessen ein Omelett. Plötzlich öffnet sich die Tür und polternd kommen vier Männer in lederner Motorradkluft herein. Sie sehen aus, als seien sie zwischen zwanzig und dreißig Jahre alt, und reden laut miteinander.

„Guck mal da!", ruft einer und zeigt auf die Wand. „Ein Propeller! Könnte von einer Me 109 sein oder von einem Stuka."

„Hier sind wir richtig!", stellt ein Dicker mit Glatze fest und grinst großspurig. „Hier werden die alten Heldentaten noch in Ehren gehalten."

„Genau! Kommt, wir setzen uns unter den Propeller!“, beschließt ein Langer in einem Ton, der keinen Widerspruch duldet. Und schon sitzt er. Die anderen lassen sich neben ihm nieder, ihr Lärm erfüllt den ganzen Raum.

Hanna murmelt ihrem Vater zu: „Wollen wir nicht lieber etwas abrücken? Die Leute sind mir unsympathisch. Und so laut.“

„Lass uns erst mal hierbleiben. Sieht komisch aus, wenn wir jetzt mit unseren halb leeren Tellern umziehen.“

Still essen Hanna und ihr Vater weiter. Sie können gar nicht anders als mitzuhören, was da am Nebentisch gesprochen wird. Die Männer scheinen eine Gruppe von Neonazis zu sein. Sie schwärmen zunächst mindestens zehn Minuten lang von der deutschen Luftwaffe, obwohl sie ihr Wissen ja höchstens aus Büchern haben können. Denn weder sie noch ihre Väter können damals dabei gewesen sein, noch nicht einmal ihre Großväter.

Jens blickt zum Wirt hinüber, der an der Theke steht. Der erwidert seinen Blick und zuckt mit den Schultern. Das soll wohl heißen: *Was soll ich machen? Sie sind Gäste.*

Die vier Männer trinken Bier und je mehr sie trinken, desto lauter werden ihre Sprüche.

Hanna versucht, ein Gespräch mit ihrem Vater anzufangen, um nicht dem Grölen zuhören zu müssen. Trotzdem dringen Worte wie „Scheißjuden“, „Kanaken“ und „Polaken“ zu ihr durch. Ihr Vater ist gerade dabei, seiner Tochter eine Antwort zu geben, da hören sie einen weiteren abfälligen Spruch. Jens bekommt einen roten Kopf und springt auf.

Hanna ahnt, dass er sich mit den Männern anlegen will, und zupft ihn eindringlich am Jackenärmel. Es erinnert ihren Vater daran, dass er besonnen bleiben soll.

„Meine Herren!", spricht Jens die grölenden Männer an. Seine Stimme klingt ernst. „Ich weiß nicht, was Sie dazu bringt, so verletzend und von oben herab über andere Leute zu reden, die Sie wahrscheinlich gar nicht kennen. Aber *ich* möchte das Wort Polaken nicht mehr hören. Das ist ein Schimpfwort. Die Leute heißen Polen! Ich habe einen Freund, der Pole ist, und für den spreche ich hier. Er ist ein wertvoller Mensch, der es nicht verdient, dass so über seine Landsleute geredet wird."

Für eine Sekunde herrscht Schweigen. Dann brechen alle vier in Gelächter aus.

Hanna würde ihren Vater gern zurückrufen, aber dafür ist es jetzt zu spät. Als sie sich Hilfe suchend umblickt, bemerkt sie, dass der Wirt telefoniert.

Der Lange, der eine Art Wortführer zu sein scheint, ruft nun feixend aus: „Hör sich das einer an! Der Opa verteidigt die Polaken!"

Jens antwortet erstaunlich ruhig: „Ich nehme an, das mit dem Opa soll auch herabwürdigend sein. Aber das ärgert mich nicht. Schließlich wird jeder mal alt, Sie auch. Und vielleicht erleben Sie dann, wie es ist, wenn irgendwelche Leute meinen, Sie fertigmachen zu können, nur weil sie jünger sind. Nein, ein Opa bin ich noch nicht, aber meinetwegen könne Sie mich so nennen. Doch das Wort Polaken oder eins dieser anderen Schimpfwörter will ich nicht mehr hören!"

Der Lange steht auf und starrt ihn an. „Sonst was?"

Hanna stockt der Atem. In was für eine Situation hat sich ihr Vater da hineinmanövriert?!

In diesem Moment tritt Leon dazu. „Ich will keinen Streit in meinem Haus! Beruhigt euch, Leute!"

„He – der Alte hat angefangen!", behauptet der Lange, und die anderen stimmen ihm lauthals zu. „Wir sind Gäste, die hier nur friedlich ihr Bier trinken!"

„Es ist nicht friedlich, wenn man so über andere Leute herzieht," wirft Jens ein. Und Leon ergänzt: „Da gebe ich ihm recht. Ich kenne den Polen auch, von dem er sprach. Aber ganz egal, ob ich einen Polen kenne oder nicht –"

Jens unterbricht: „Kennt ihr denn einen? Oder einen Juden? Habt ihr denn schon schlechte Erfahrungen mit einem gemacht oder plappert ihr nur nach, was in euren Kreisen behauptet wird?"

Jetzt stehen die andern drei auch auf. Sie sind dabei bedrohlich still, nur das Kratzen der zurückgeschobenen Stühle ist zu hören.

„Hört mal, Leute!", sagt der Wirt. „Ich glaube, es ist das Beste, ihr zahlt jetzt und geht."

In diesem Moment kommen drei Männer zur Tür herein, alle etwa in Leons Alter. Kräftige Kerle, denen man ansieht, dass sie bei ihrer Arbeit auf dem Feld oder dem Bau oder in der Werkstatt kräftig zupacken können.

Jens wendet sich den dreien zu. „Hallo Louis! Markus, Eric! Lange nicht gesehen!"

„Hallo Jens!", antwortet Markus. „Hab mich gefreut, als Leon eben am Telefon sagte, dass du hier bist!"

„Bist du immer noch so gut im Fußball?", fragt Louis und wirft den Unruhestiftern einen wachsamen Blick zu.

Die drei Neuankömmlinge und Leon schütteln sich die Hände.

Mit einem verächtlichen Grinsen legt der Anführer der Motorradfahrer zwei Scheine auf den Tisch und sagt: „Stimmt so. Kommt, Jungs, wir gehen!“ Sie verschwinden knurrend. Kurz darauf hört man, wie sie ihre schweren Maschinen anlassen und davondonnern.

Leon sagt kopfschüttelnd: „Weißt du, Jens, bei uns im Dorf gibt es keine Polizei. Und bis die vom Nachbarort hier ist, ist es vielleicht schon zu spät. Da muss man sich selber helfen. Glücklicherweise habe ich ein paar Freunde, die in der Nähe wohnen.“

Die drei Helfer unterhalten sich noch ein paar Minuten mit Jens und gehen dann wieder. Jens setzt sich zurück zu seiner Tochter an den Tisch.

„Mensch, Papa! Wie kannst du denn nur mit so Leuten Streit anfangen!“

„Ich konnte bei dem Thema einfach nicht schweigen“, sagt Jens und fügt leiser hinzu: „Aber du hast natürlich recht. Es war unüberlegt.“

Hanna schiebt den inzwischen leeren Teller weg und legt ihrem Vater die Hand auf den Arm. „Na ja, es ist ja noch mal gut gegangen. Du scheinst hier eine Menge Freunde zu haben.“

„Nun, sagen wir: Bekannte.“

„Und der Pole, von dem du sprachst, ist doch sicher auch kein wirklicher Freund, oder? Sonst hätte ich doch etwas davon mitbekommen. Oder hast du ihn überhaupt nur erfunden?“

Jens lächelt etwas verlegen. „Das Wort Freund ist

wohl etwas übertrieben. Aber immerhin haben wir uns gegenseitig geschätzt."

„Ich sehe", lächelt Hanna, „die Geschichte, die du mir morgen erzählen willst, wird ziemlich lang werden."

„Das wird sie", nickt ihr Vater. „Und darum sollten wir jetzt auch in unsre Betten steigen."

*

Am nächsten Morgen ist es dann endlich so weit. Jens Montag und seine Tochter sitzen auf einer alten Bank auf einem Hügel östlich des Dorfes. Man hat hier einen schönen Überblick. Rechts von ihnen liegt der See, in der Mitte stehen die Häuser um das Kirchlein herum, und links sieht man die Bahnlinie, die im Tunnel verschwindet.

Jens beginnt: „Meine Geschichte – oder besser gesagt die von deinem Urgroßvater und mir – beginnt am 4. Juli 1992 ...

1

Samstag, 4. Juli 1992

Es ist jener kurze Augenblick, in dem die aufgehende Sonne auf dem Horizont zu liegen scheint. Man könnte meinen, sie wolle die Spitzen der Bäume nur sanft berührend, den Hügel dort im Osten hinunterrollen.

Das ist ein alberner Gedanke, schießt es Horst Montag durch den Kopf. Nicht weil er ein Physiker im Ruhestand ist – um zu wissen, dass die Sonne nicht einen Berg hinunterrollt, reichen die Kenntnisse eines Fünfjährigen. Sondern weil in der Erhabenheit des Augenblicks für solche Vorstellungen kein Platz ist.

Der 86-jährige schlanke, etwas gebeugt gehende Mann mit noch dichtem grauen Haar wendet sich trotz der Erhabenheit des Augenblicks ab, weil das Licht ihn in seinen empfindlichen Augen schmerzt. Er lehnt sich an den Stamm der Kastanie und folgt mit den Augen dem langen Schatten, den der mächtige Baum über die Terrasse wirft. Links steht das kleine Landhotel, rechts von der gepflasterten Fläche liegt hinter einem schmalen Wiesenstreifen der See.

Das Sonnenlicht fällt noch zu flach auf die Fläche des Wassers, als dass die kleinen Wellen es spiegeln könnten. Der See ist dunkel, hell ist nur die Felswand dahinter. Auch der Wald wirkt schwarz, nur die Sonne scheint golden darüber. Dunkel. Schwarz. So ist auch seine

Vergangenheit, denkt der alte Mann. Ob seine Zukunft jemals heller werden wird? Wohl kaum.

Diese Gedanken sind keine nüchternen Überlegungen, eher ein unbestimmtes Gefühl. Es gibt auch keinen rationalen Grund, weshalb sein Leben hell werden könnte. Und doch muntert dieser Sonnenaufgang seine Stimmung auf – denn er ist trotz seiner buchstäblichen Alltäglichkeit und seiner physikalischen Erklärbarkeit ein erhabenes Ereignis.

„Du bist früh wach!" Horst Montags Enkel Jens tritt neben ihn.

„Guten Morgen!"

Jens ist neunzehn, ein nicht besonders großer, aber breitschultriger junger Mann mit blonder langer Mähne.

„Ich gebe zu, trotz meiner Skepsis von gestern: Es ist schön hier in deinem Taunusdörfchen, wo du unbedingt hinwolltest. Nicht spektakulär, aber schön."

Sein Großvater nickt mit dem Kopf zum See hin. „Wusstest du, dass das kein natürliches Gewässer ist? Nur ein vollgelaufener ehemaliger Steinbruch." Er lächelt und schaut dann seinen Enkel wieder an. „Hast du gut geschlafen?"

Jens lacht. „Das ist eigentlich mein Text. Ich schlafe immer und überall gut. Also ist die Frage überflüssig. Aber du …"

„Ich habe auch gut geschlafen."

Aus der Hintertür des Hotels tritt die junge Frau heraus, die sie schon gestern Abend bedient hat. Sehr zur Freude von Jens. „Guten Morgen, Herr Montag und Herr Montag!"

Der alte Mann lächelt sie freundlich an. „Guten Morgen, Frau … äh …"

„Lena. Ich bin Lena."

„Lena – und weiter?"

„Reeber."

Wenn Lena lächelt, denkt Jens, *ist es, als wenn die Sonne aufgeht. Und ihre kupferfarbenen Locken drum herum sind das Morgenrot.* Das war ihm bereits aufgefallen, als sie im Hotel eingecheckt hatten.

Lena schiebt mit dem Fuß einen kleinen Napf der Hotelkatze näher zur Hauswand und sagt dabei: „Es ist so ein schöner Morgen. Wenn Sie wollen, kann ich Ihnen das Frühstück hier auf der Terrasse servieren."

„Ach ja, wenn es Ihnen nichts ausmacht …", erwidert der alte Herr dankbar.

„Kein Problem. Es dauert nur fünf Minuten. Höchstens sechs." Sie lächelt und verschwindet im Haus.

Die beiden Männer setzen sich auf zwei weiße Plastikstühle. Jens zieht einen der beiden Tische heran und rückt so lange an ihm herum, bis er steht, ohne zu wackeln.

„Woher weißt du das mit dem See?"

„Das sieht man doch dahinten an der Felswand." Jens' Großvater zeigt über das Wasser und lässt nachdenklich seinen Blick auf der Felswand ruhen. „Aber ich meine, ich hätte das auch mal gehört."

„Willst du eigentlich lieber in der Sonne sitzen?"

„Nein, nein, schon gut!"

„In wenigen Minuten ist der Schatten des Baumes sowieso weitergewandert. Du müsstest als Wissenschaftler doch ausrechnen können, wie lange das dauert."

„Das ist mir zu mühsam. Aber ich weiß immerhin, dass der Baum eine Kastanie ist."

„Aha."

Lena kommt erneut zu ihnen heraus, legt eine Decke auf das Tischchen und stellt Teller und Tassen darauf.

„Gefällt es Ihnen hier?"

„Sehr!", antwortet Jens und mustert die junge Frau unauffällig von oben bis unten.

„Ja, sehr", bestätigt sein Großvater lächelnd, während er die Blicke seines Enkels verfolgt.

„Der See war früher ein Steinbruch", erklärt Lena. „Aber das ist schon lange her. In den Sechzigerjahren haben sie hier mal einen Wildwestfilm gedreht. Mit Rindenkanus sind sie über das Wasser gefahren, vor den Felsen. Das sah romantisch aus. Und da oben", Lena deutet auf eine bestimmte Stelle oberhalb der Felswand, „sind sie hochgeklettert. Die Indianer haben die Siedler verfolgt. Einige Leute von hier sollen als Komparsen mitgespielt haben. Die sind heute noch stolz darauf. Aber soweit ich weiß, hat der Film es nie in die Kinos geschafft."

Der Alte lächelt. „Vielleicht wäre der Film erfolgreicher geworden, wenn Sie die Häuptlingstochter gespielt hätten, Lena."

Sie grinst verlegen und geht zurück ins Haus, um die Speisen zu holen.

„Das wäre jetzt eigentlich auch dein Text gewesen, Jens."

„Gut, dass du das selber merkst, Opa! Für einen 86-Jährigen wirkt so ein Spruch etwas unpassend."

„Es war ja nur ein Kompliment und kein – wie sagt

man heute? – keine ‚Anmache'. Aber warum hast du auch nichts gesagt? Ich erinnere mich, dass du sonst keine Gelegenheit ausgelassen hast, deine Komplimente an hübsche Mädchen zu verteilen."

Jens antwortet nicht, sondern schaut nur auf den See hinaus.

„Überhaupt", fährt sein Großvater fort, „hast du dich sehr verändert. Versteh mich nicht falsch – sehr zum Positiven! Aber ich wundere mich."

„Verändert?" Jens gibt sich verwundert, aber er ahnt, was sein Großvater meint.

„Auffallend! Nicht nur, dass du kein – wie sagten wir früher? ‚Schürzenjäger'! –, dass du kein Schürzenjäger mehr zu sein scheinst, jedenfalls soweit ich es beobachten kann. Du bist auch ...", der Großvater scheint zu überlegen, was ihm in letzter Zeit alles aufgefallen war, „... du bist auch nicht mehr so wüst, fluchst nicht mehr so viel, hilfst mir oft, auch ohne Aufforderung, wenn ich wegen meiner Knie nicht so beweglich bin. Und was mich am meisten erstaunt: Du hast gleich zugesagt, mich hierher zu begleiten. Ein 19-Jähriger fährt mit seinem 86-jährigen Opa in Urlaub – wo gibt's denn so was!"

„Weil du doch alleine nicht so gut zurechtkommst, wegen deiner Beine."

„Sicher. Aber noch vor einem Jahr hast du nur unwillig geknurrt, als ich dich bat, mich mal zum Arzt zu fahren."

„Ja, das tut mir leid."

„Nein, nein, deswegen sage ich das nicht. Ich mache dir keinen Vorwurf wegen damals, ich lobe dich für dieses Mal. Und ich wundere mich. Sehr!"

Jens antwortet nicht. Aber das wäre jetzt auch unpassend, denn Lena betritt in diesem Moment mit einem Tablett die Terrasse. Sie stellt alles auf den Tisch. Was für herrliche Speisen! Die frischen Brötchen duften köstlich.

„Der Kaffee kommt auch gleich."

Jens bemüht sich, ihr nicht nachzuschauen, als sie wieder ins Haus eilt.

„Willst du mir nicht dein Geheimnis verraten, Jens?"

Jens blickt überlegend unter sich und sieht dann auf, mit einem Lächeln, als wäre ihm eine List eingefallen. „Wenn du mir dein Geheimnis verrätst."

„Mein Geheimnis?" Sein Großvater guckt erstaunt.

„Ich bin doch nicht blöd, Opa! Natürlich hast du auch ein Geheimnis. Warum wolltest du unbedingt hier in diesem Kaff eine Woche Urlaub machen? Urlaub macht man am Meer oder in den Bergen. Ja, gut, wenn man wandern will, dann ist das hier vielleicht ganz nett. Aber mehr auch nicht, und du wanderst ja sowieso nicht. Und in dem See baden wirst du vermutlich auch nicht. Der Grund ist doch sicher nicht, dass sie hier mal vor Jahren einen drittklassigen Film gedreht haben. Also – was willst du hier? Was hat dich hierher gezogen? Was ist dein Geheimnis?"

Horst Montag blickt ernst vor sich und zeichnet mit dem Teelöffel gedankenlos Kreise und Achten auf die Tischdecke. „Vielleicht verrate ich dir mein ‚Geheimnis' – wenn du es so nennen willst. Aber erst später. Nicht jetzt."

„Gut, Opa, dann warte ich auch noch etwas, um dir mein Geheimnis zu verraten."

„Vielleicht am Ende unseres Urlaubs."

„Abgemacht."

Lena erscheint wieder an ihrem Tisch und bringt den Kaffee.

„Sagen Sie, Lena", fragt Horst Montag, „sind wir die einzigen Gäste?"

„Nein. Es gibt noch zwei Ehepaare, die von hier aus den Taunus erwandern wollen. Die schlafen aber anscheinend noch. Manchmal kommen reisende Geschäftsleute hier unter, aber dann immer nur für eine Nacht. Oder Leute auf Montage. Gestern waren drei Männer hier wegen des alten Tunnels. Die haben irgendetwas ausgemessen oder so. Und für nächsten Dienstag hat sich eine Gruppe Radfahrer angemeldet, sieben Leute."

„Ihr Haus ist also nicht überlaufen."

Die junge Frau lacht und für Jens geht wieder die Sonne auf. „Nein, aber Herr Theißen, mein Chef, macht sich keine allzu großen Sorgen. Wenn in einer Woche Heimatfest ist, dann werden wir voll ausgebucht sein. Da kommen viele Gäste, die ihre Wurzeln hier in Erlbruch haben. Kann ich noch etwas für Sie tun?"

„Danke, nein", erwidert der Alte. „Oder doch – Sie könnten, wenn Sie so freundlich sein wollen, mir ein Telefonbuch für diese Gegend besorgen. Nachher, nach dem Frühstück."

„Mache ich gerne."

Als sie gegangen ist, blickt Jens ihn neugierig an: „Wen willst du denn anrufen?"

Doch sein Großvater winkt nur ab und trinkt einen Schluck aus seiner Kaffeetasse.

„Ach so, das ist wohl auch ein Teil deines Geheimnisses?“ Jens grinst und leckt sich einen Klecks Marmelade von seinem Finger. „Kannst du das Telefonbuch denn lesen? Ich meine, wegen deiner Augen.“

„Ich habe meine Leselupe mit. Du brauchst übrigens bei deiner Urlaubsgestaltung auf mich keine Rücksicht zu nehmen, Jens. Irgendwann in den nächsten Tagen kannst du mich mal ein bisschen herumfahren. Aber heute und morgen, am Sonntag, will ich nur hierbleiben und zur Ruhe kommen.“

„Und telefonieren.“

„Vielleicht auch das. Und ein paar Schritte am See entlanggehen. Das schaffe ich. Du kannst machen, was du willst. Wenn ich deine Hilfe brauche, melde ich mich.“

*

„Lena?“

Die junge Frau steht hinter der Theke und sieht dem ebenso jungen Gast entgegen, der auf sie zukommt. Sie ist gerade dabei, die Papierservietten so zu falten, dass sie an Kardinalshüte erinnern. Eine Reihe steht schon vor ihr. Es sieht aus, als fände ein Puppenkonzil statt.

„Was kann ich für Sie tun, Herr Montag?“

„Zunächst einmal könnten wir ‚Du‘ zueinander sagen, ja? Ich bin Jens.“

Sie lächelt. „Mein Chef wäre dagegen. Aber ich bin mutig und wage es mal. Ich bin …“

„Lena, ich weiß.“

„Lena Reeber.“

„Und dann habe ich noch eine Frage. Morgen ist Sonntag. Gibt es hier irgendwo einen Gottesdienst?"

Sie schaut überrascht auf und schüttelt dann den Kopf. „Morgen nicht. In unsrer alten Dorfkirche ist nur jeden dritten Sonntag Gottesdienst. Der Pfarrer ist für sieben Dörfer zuständig."

„Hm. Schade."

Sie antwortet so eifrig, dass sie ganz vergisst, ihre Servietten zu falten. „Ich könnte mich erkundigen, in welchem Nachbardorf morgen ..."

„Nein, nein, danke! Ist schon gut. Aber gibt es vielleicht sonst irgendwelche christlichen Aktivitäten?"

„Gibt es. Aber das wird Sie nicht –"

„*Du!*", grinst Jens.

„Wie? Ach so, ja, also das wird *dich* aber wahrscheinlich nicht interessieren. Mein Bruder hält Jungscharstunden. Für Jungen bis zwölf etwa. Immer samstags um drei. Also auch heute."

Jens blickt sie erfreut an. „Doch, das interessiert mich. Wo findet das denn statt?"

„Im Gemeindehaus neben der Kirche. Die findest du ja leicht, der Turm ist nicht zu übersehen. Vielleicht treffen sie sich aber bei dem schönen Wetter auch irgendwo draußen. Zum Beispiel auf dem Fußballplatz."

„Danke. Ich werde sie sicher finden."

Jetzt müsste Jens eigentlich gehen. Was er fragen wollte, ist geklärt. Aber es gefällt ihm, hier zu stehen und Lena zuzuschauen. Also verwickelt er sie in ein unverfängliches Gespräch. Erst als Herr Theißen, der Wirt, in den Raum kommt, nickt er ihr zu und geht.

2

„Hört mal her, Jungs!“, ruft Alexander Reeber laut. Eine Bande von fünfzehn Jungen sammelt sich um den Jungscharleiter. Alexander ist sechsundzwanzig Jahre alt, lang und dünn, und hat ein immer fröhlich strahlendes Gesicht, das auch beim größten Lärm der ihm anvertrauten Bande eine große Gelassenheit ausstrahlt.

„Dieser Kerl hier“, er deutet auf Jens, der neben ihm steht, „heißt Jens. Und er möchte gern Fußball spielen. Ich weiß, dass er etwas älter ist als ihr. Seid ihr trotzdem einverstanden, dass wir ihn mitspielen lassen?“

Allgemein zustimmendes Gemurmel. Nur ein paar wenige sind offenbar noch etwas skeptisch.

„Damit es gerecht zugeht, schlage ich vor, dass *er* bei der einen Mannschaft im Tor steht und *ich* bei der anderen.“

Einige Jungen nicken. Jemand ruft: „Okay“, ein anderer: „Kann der das denn?“

Alexander grinst. „Das werden wir ja gleich sehen.“

Ein etwa Elfjähriger sagt: „Du wohnst bei uns, stimmt's?“

Alex dreht sich erklärend zu Jens: „Das ist Leon Theißen. Seinem Vater gehört der Landgasthof.“

Jens lächelt nickend zu Leon hinüber und dann geht es auch schon los – das Spiel beginnt.

Beine und Arme wirbeln durcheinander, Schreie gellen durch die Luft:

„Foul!“

„Gib doch ab, du Blödmann!“

„Aua!"

Grasboden wird von Schuhen losgerissen, Staub wirbelt in braunen Wolken auf, Triumphgeschrei mischt sich mit Schimpfwörtern, ein Ball wird mit Füßen und Köpfen hin und her gejagt, und einige Male fliegt der Neue mit den langen blonden Haaren spektakulär durch die Luft.

Nachdem sich alle ziemlich verausgabt haben, ruft Alexander die Jungen zusammen. Schwitzend und immer noch außer Atem setzen sich alle in einen Kreis am Rand des Spielfeldes.

„Nur zwanzig Minuten?", fragt Jens erstaunt und auch ein wenig enttäuscht.

„Das war nur die erste Halbzeit", erklärt Alexander. „Jetzt kommt die Andacht und dann geht es weiter."

„Was? Eine Andacht zwischen den Halbzeiten?"

„Das ist Taktik", raunt Alexander Jens zu. „Wenn ich die Andacht vor dem Spiel mache, kommen einige erst später. Wenn ich sie hinterher mache, müssen einige eilig weg. Darum ist das so die beste Lösung."

Jens grinst und lässt sich ins Gras fallen. Sofort setzen sich einige Jungen direkt neben ihn. Der lange Stefan sagt zu dem kleinen Ralf: „Ey, da wollte ich gerade hin!"

„Jetzt sitze ich aber hier."

Da zwängt sich Stefan zwischen Ralf und Jens. Dadurch wird es ziemlich eng, allen ist warm vom Spiel.

Alex beugt sich rüber und sagt leise zu Jens: „Das ging aber schnell!"

„Was?"

„Innerhalb von zwanzig Minuten haben dich die Kids

ins Herz geschlossen. Ich dagegen musste mir die Zuneigung der Bengel in langer mühseliger Kleinarbeit erkämpfen. Ich könnte dich fast beneiden – aber als Christ lass ich das mal lieber."

Ein Junge wird ungeduldig. Fordernd ruft er: „Leg los, Alex, damit wir weiterspielen können!"

„Ja, gut." Alexander Reeber hebt die Stimme, damit alle ihn gut hören können.

„Ich habe vorhin etwas Schönes gesehen. Eric hat Markus aus Versehen getreten. Und dann –"

„Was war denn daran schön?", ruft Markus dazwischen.

„Warte, das kommt jetzt. Dann hat Eric Markus aufgeholfen und sich bei ihm entschuldigt. Andere würden in so einem Fall sagen: Es war doch gar nichts! So was passiert eben beim Fußball. Der soll sich nicht so anstellen! Ich hab doch nichts verkehrt gemacht."

Die Jungen schauen zu Eric und Markus.

„Das erinnert mich an etwas, das ich neulich in der Bibel gelesen habe. Da steht: ‚Wenn wir behaupten ohne Sünde zu sein, betrügen wir uns selbst.' Wie ist das bei euch: Wollt ihr euch selbst betrügen?"

Alex blickt in die Runde. Alle Jungs schütteln ihre Köpfe.

„Ihr macht euch aber selbst etwas vor, wenn ihr meint, ihr hättet euch nie etwas zuschulden kommen lassen. Jeder hat Dreck am Stecken. Und ich meine nicht nur gegenüber anderen Menschen, sondern erst recht vor Gott. Wenn wir aber zu unseren Fehlern stehen, kann alles in Ordnung kommen. Der Vers aus der Bibel geht so weiter: ‚Wenn wir unsre Sünden bekennen, vergibt Gott sie uns.‘ Also, was ich jedem von euch sagen will, ist Folgendes: Versteck nicht das, was in deinem Leben nicht in Ordnung ist! Sondern bekenne es ehrlich vor Gott und vor dir selbst. Vielleicht sogar vor einem Menschen, der dir dabei helfen kann, die Vergebung von Gott zu verstehen und anzunehmen."

Der 10-jährige Louis ruft: „Willst du etwa sagen, wenn ich Scheiße gebaut habe, sollen das alle wissen?"

„Nein, nicht *alle*, Louis. Du musst es nicht an die große Glocke hängen. Aber vielleicht kannst du es einem, dem du vertraust, erzählen. Vor allem aber sag es Jesus!"

Jens mischt sich ein. „Denn der weiß es ja sowieso schon, vor ihm kann man nichts verheimlichen."

Grübelnd erwidert Tilo: „Aber dann brauch ich es ihm ja auch nicht zu sagen!"

„Doch", antwortet Alex, „denn dabei wird klar, dass es dir leidtut. Und dann vergibt Jesus dir und du bist wieder mit ihm im Reinen. Und auch mit dir selbst."

„Okay, verstanden", sagt Louis. „Aber jetzt wollen wir endlich weiterspielen. Können wir nicht mal den Torwart tauschen? Dass Jens bei uns spielt und du bei den anderen?"

Jens und Alex grinsen sich an. „Wie schon erwähnt", meint Letzterer, „ist Neid keine gute Eigenschaft. Darum …" Alex bricht ab und schüttelt den Kopf. Dann setzt er erneut an: „Nein, wir sollen uns ja nicht selbst betrügen."

Lachend stehen sie auf. „Gut, wir tauschen für die zweite Halbzeit den Torwart."

*

Leon begleitet Jens nach Hause, denn sie haben denselben Weg. Sie unterhalten sich über Fußball.

Vor einem der älteren Häuser in der Ortsmitte liegen verschiedene Dinge, die offenbar von der Sperrmüllabfuhr geholt werden sollen. Ein alter schwerer Eichentisch, dem ein Bein fehlt. Das Bein liegt daneben. Zwei Nachtschränkchen, ein gerollter Teppich, mehrere Kartons, deren Inhalt nicht zu sehen ist, einzelne Bretter und Leisten – anscheinend ein auseinandergenommenes Regal.

Und oben drauf liegt ein Propeller. Ein schöner zweiflügeliger Propeller von einem Flugzeug, etwa einen Meter lang von einer Spitze bis zur anderen. Er ist aus Holz, das in verschiedenen Schichten aufeinandergeleimt wurde. Man sieht von der Seite die dünnen Schichten in verschiedenen Farben.

„Guck mal!“, staunt Leon. „Ein Propeller. Will der den etwa wegschmeißen?“

„Wahrscheinlich. Warum sollte er sonst beim Sperrmüll liegen?“

„Den nehme ich mit!“

„Wozu? Willst du damit fliegen?“, grinst Jens.

„Den würde ich in meinem Zimmer an die Wand machen. Das sieht toll aus! Den nehme ich mit!“

„Das kannst du nicht so einfach“, mahnt Jens, als Leon schon danach greift.

„Warum nicht? Der wird doch sowieso auf den Müll geworfen.“

„Ja, stimmt“, bestätigt Jens. „Das ist zwar nicht ganz

logisch, aber ich habe mal gehört, dass man sich nicht einfach beim Sperrmüll bedienen darf. Doch das ist ja kein Problem. Wir fragen einfach mal da in dem Haus nach. Weißt du, wer da wohnt?"

„Ich glaube, da wohnt der alte Herr Stoll."

Jens geht zwei Stufen zur Haustür hinauf und klingelt. Leon bleibt beim Sperrmüll stehen und streicht mit der Hand über die wunderbar glatte Oberfläche des Propellers.

Ein alter Mann öffnet. Er steht gebeugt da, neben ihm erscheint ein großer Hund, der gefährlich knurrt.

„Still, Hektor!", befiehlt der Alte. Der Hund blickt zu seinem Herrchen auf und hat einen Ausdruck in den Augen, als wolle er fragen, ob der Befehl ernst gemeint sei.

„Guten Tag! Entschuldigen Sie die Störung. Mein junger Freund da hat sich in den Propeller verliebt und würde ihn gerne mitnehmen und zu Hause an der Wand anbringen. Hätten Sie etwas dagegen?"

Der alte Mann nimmt seine Brille von der Nase und schaut erst Jens an der Tür und dann den Jungen am Straßenrand an. „Ist das nicht der Kleine von Theißens?"

„Ja, Leon."

„Hm. Das hier muss alles weg. Ich ziehe im Herbst ins Altenheim. Da fange ich schon mal an, alles Mögliche wegzuschaffen, was ich dann nicht mehr brauche."

In diesem Augenblick bleibt ein Mann stehen, der gerade die Straße heruntergekommen ist. Auch er ist alt, aber nicht ganz so alt wie der Hausbewohner.

„Mensch, Hugo!", ruft der. „Musste das denn sein?"

„Was denn, Werner?", fragt der.

„Der Propeller! Wir waren uns doch einig … Na du weißt schon! Wenn das Ding da so offen liegt …!"

„Es soll ja weg. Siehst du nicht, dass er beim Sperrmüll liegt?"

„Ja, aber so offen auf der Straße!"

„Ach, Werner, du kannst mich mal!" Jetzt richtet sich Herr Stoll an Leon: „Äh, du … äh, Leon, du kannst den Propeller mitnehmen." Und leiser sagt er zu Jens: „Die nerven mich mit ihrer Heimlichtuerei."

„Was soll denn verheimlicht werden?"

„Na, was damals im Tunnel gewesen ist. Wissen Sie das nicht? Ach, Sie sind nicht von hier, stimmt's?"

„Stimmt. Ich bin nur für eine Woche hier in Erlbruch zu Gast und wohne im Gasthaus Theißen."

„Ach so, na, dann können Sie das ja nicht wissen. Ich finde es verrückt, dass die Leute hier so ein Geheimnis daraus machen."

„Würde es Ihnen etwas ausmachen, mich in dieses Geheimnis einzuweihen?"

„Im Gegenteil", sagt der Alte. „Ich freue mich, wenn ich mich mal mit jemandem darüber unterhalten kann. Kommen Sie doch rein und trinken Sie ein Bier mit mir!"

Jens wendet sich um und ruft Leon zu: „Geh schon mal, Leon! Ich komme später nach. Ich will mich noch etwas mit Herrn … – wie war noch mal Ihr Name?"

„Stoll. Hugo Stoll."

„… mit Herrn Stoll unterhalten."

Leon nimmt strahlend den Propeller unter den Arm und geht, Jens folgt Hugo Stoll und dessen Hund in die Wohnung.

Sie sitzen in zwei Sesseln, jeder mit einer Flasche und einem Glas.

„Dabei war ich ja unmittelbar beteiligt", sagt der Gastgeber, „und hätte am ehesten Grund, den Mantel des Schweigens über die Geschichte zu breiten. Aber ich muss wohl ganz von vorn anfangen."

Er nimmt einen kräftigen Schluck.

„In den Zwanzigerjahren wurde eine Bahnlinie gebaut, um unsere Region an das allgemeine Netz anzuschließen."

„Ich habe vor dem Dorf einen Damm gesehen. Das war wohl die alte Trasse."

„Genau." Er zeigt auf Jens' Flasche. „Trinken Sie nur! Ich habe den Kühlschrank voll! Also, von hier aus musste ein Tunnel gegraben werden bis hinüber nach Intringen. Über den Berg ging es nicht und drum herum wäre die Strecke zu lang geworden. Der Tunnel wurde 4,2 Kilometer lang."

„Aber jetzt gibt es keine Bahn mehr."

„Stimmt. Im 2. Weltkrieg kamen plötzlich Leute von der SS und von der Organisation Todt."

„Von wem?"

„Die Organisation Todt war so eine paramilitärische Bautruppe in der Nazizeit. Die beschlagnahmten den Tunnel. Da sollten kriegswichtige Güter produziert werden, denn unter der Erde war die Produktionsstätte ja vor Bomben sicher. Zunächst war man hier im Dorf nicht davon begeistert. Aber die Funktionäre verstanden es, die Bevölkerung zu überzeugen.

Es lebte hier ein reicher jüdischer Geschäftsmann mit

Namen Stern, der zwar in Frankfurt arbeitete, aber sich hier eine prächtige Villa gebaut hatte, am Ortsrand, mit Blick auf den See. Es sickerte durch, dass sich die Bewohner von Erlbruch, wenn die jüdische Familie abgeholt würde, ihren Besitz unter sich aufteilen könnten. Wir hatten damals einen Bürgermeister, der zugleich Gauleiter der NSDAP war. Der hat das alles eingefädelt.

So kam es dann auch. Die Juden waren eines Tages verschwunden, bis auf ... na ja, das ist eine andere Geschichte.

Die Villa wurde ein Gasthaus und aus einigen Räumen wurden Wohnungen, die man dann vermietete. Der Park wurde zum Teil dem Land der umliegenden Bauern zugeteilt und aus dem Rest machte man einen Sportplatz. Dorfbewohner, die von alldem keinen Nutzen hatten, wurden mit den wertvollen Möbeln und Kunstwerken aus der Villa entschädigt. So hatten alle einen Vorteil aus der Enteignung."

Der alte Mann nimmt einen Schluck aus seinem Glas. Jens ist erschüttert und weiß nicht, was er dazu sagen soll.

„Verstehen Sie, junger Mann – weil alle beteiligt waren, hatte niemand ein Interesse daran, nach dem Krieg die Sache an die große Glocke zu hängen."

„Und in dem Tunnel ..."

„In dem Tunnel wurden Propeller für Flugzeuge hergestellt. Die Arbeit machten Zwangsarbeiter aus Osteuropa. Aber jemand musste die Arbeit ja überwachen – und das war unter anderem ich."

„Sie?"

Hugo Stoll nickt und sieht seinen jungen Gast an. „Ich und noch zwei andere, die von einer Frankfurter Firma kamen. Ich war Meister. Wir haben gute Arbeit geleistet, präzise nach den Angaben der Ingenieure von Junkers, Messerschmidt und so weiter. Aber ich war nur für das Fachliche zuständig. Die Aufsicht über die Zwangsarbeiter führte die SS. Die Arbeiter waren zwölf Stunden beschäftigt und schliefen in Baracken beim Tunnelausgang, die es natürlich jetzt nicht mehr gibt. Dann kam die zweite Schicht, ebenfalls zwölf Stunden. Im Tunnel merkte man sowieso nicht, ob es Tag oder Nacht war."

Nach einigen Augenblicken des Schweigens sagt Jens: „Jetzt verstehe ich, woher der Propeller stammt. Und auch, warum die Leute aus Erlbruch nicht gern an die Zeit erinnert werden."

„Offiziell ist das alles natürlich bekannt. Es gibt viele Unterlagen, Zeugenaussagen und so weiter. In Untersuchungen von Historikern stehen viele Einzelheiten. Aber hier im Ort redet man nicht davon. Und es hat auch nie irgendwelche Bemühungen gegeben, in der Presse diese Geschichte ans Licht zu zerren. Vielleicht auch, weil die jüdische Familie anscheinend keine Verwandten hatte, die ihr Erbe hätten beanspruchen können. Und die Zwangsarbeiter sind nach dem Krieg alle verschwunden. Man hat nie wieder etwas von ihnen gehört."

„Der Tunnel wurde doch sicher zugemauert?"

„Ja, damit nichts passiert, etwa, dass Kinder darin Verstecken spielen. Aber jetzt gibt es Überlegungen, die Bahnlinie wieder herzustellen und zu nutzen, und damit natürlich auch den Tunnel. Zurzeit werden Untersuchungen gemacht, wie sicher das alles noch ist."

„Ich werde es mir mal ansehen." Jens freut sich, dass er etwas gefunden hat, womit er sich beschäftigen kann. Er trinkt sein Bier aus. „Ich habe nämlich viel Zeit."

„Das hört man selten von jungen Leuten."

Jens nickt und erklärt: „Ich bin mit meinem Opa gekommen, der hier Urlaub machen möchte, aber aus gesundheitlichen Gründen allein nicht zurechtkommt."

Hugo Stoll wirkt überrascht. „Das hört man noch seltener von jungen Leuten."

Jens lächelt verlegen und steht aus seinem Sessel auf. „So, ich gehe dann mal wieder. Danke, dass Sie mich in die Geheimnisse von Erlbruch eingeweiht haben."

Auch Hugo Stoll erhebt sich. „Gern geschehen, Herr ... wie ist Ihr Name?"

„Jens Montag." Er geht Richtung Haustüre.

„Montag?"

Jens nickt und öffnet die Türe. „Ja, so wie Sonntag, nur einen Tag später." Dann verabschiedet er sich mit einem kurzen „Tschüss!" und geht. Er merkt nicht, dass Hugo Stoll erschrocken hinter ihm herblickt.

*

Die Gelegenheit ist günstig, denkt Louis Henrich, als er von der Jungschar nach Hause kommt. Zwar ist Samstag und seine Eltern sind nicht in der Arbeit, aber Mama ist in der Küche. Sie holt die Hausarbeit nach, zu der sie in der Woche kaum kommt. Und Papa ist im Garten. Dort verbringt er gerne seine Zeit. Das kann Louis nicht verstehen – beim besten Willen nicht! Wenn Papa ihn bestrafen will und zum Unkrautjäten in den Garten schickt, ist das so eine Art Hölle auf Erden. Aber heute besteht kein Anlass, ihn zu bestrafen, und Papa jätet selber.

Jannik, sein großer Bruder, beschäftigt sich mit seinem Computerspiel. Louis ist frei, niemand achtet auf ihn.

Also geht er zu Oma. Sie wohnt im alten Teil des Hauses, ihre Kinder und Enkel im zweigeschossigen Anbau. Er klopft, öffnet die Tür und späht zu ihr rein.

Seine Oma scheint erfreut. „Das finde ich aber nett, dass du mich mal besuchst, Louis!"

„Hallo, Oma."

„Komm rein! Möchtest du ein Stück Schokolade?"

„Äh – ach nein, danke."

„Wie? Keine Schokolade? Das wundert mich aber." Seine Oma sieht ihn prüfend an.

„Ich wollte ... ich wollte nur –"

„Komm erst mal und setz dich hin."

Sie sitzen nun über Eck, Oma auf dem Sofa und Louis in dem alten riesengroßen Sessel, in dem er fast versinkt.

„Nun erzähl mal!"

Louis schaut betreten vor sich und knetet seine Hände. „Also – ich hab ja mal für dich eingekauft."

„Ja, schon öfter."

„Und meistens hast du mir auch was gegeben, als Lohn, hast du gesagt."

„Ja." Seine Oma sieht ihn aufmerksam an.

„Aber neulich – na ja, es ist schon eine Weile her. Da hast du mir nichts gegeben."

„Ach, habe ich das vergessen? Das tut mir leid. Ich gebe dir –"

„Nein, Oma, lass mich doch mal weitererzählen!"

„Gut. Ich höre zu." Louis' Oma faltet die Hände im Schoß.

„Als ich dann wieder eingekauft habe, habe ich gedacht: Vielleicht kriege ich wieder nichts. Da behalte ich am besten gleich etwas von dem Wechselgeld. Oma merkt das doch nicht. Also habe ich mir zwei Euro genommen."

„Oh ..."

„Du hast es auch nicht gemerkt. Aber du hast mir außerdem noch zwei Euro gegeben, als Lohn. Da habe ich mich geschämt."

„Hm. Zu Recht."

Seine Oma sieht nicht ärgerlich aus, doch Louis hat trotzdem ein schlechtes Gewissen. Er fährt fort: „Aber nachher habe ich das mit dem Schämen wieder vergessen. Und weil ich Geld brauchte, habe ich beim nächsten Mal einen Zehneuroschein genommen. Weil du es sicher auch nicht merken würdest."

Louis' Stimme ist immer leiser geworden. Jetzt schweigt er und schaut nur noch vor sich hin.

„Das war nicht gut, Louis!"

„Ich weiß. Aber ich werde jetzt einfach fünfmal für dich einkaufen, ganz ohne Lohn. Ach nein, zehnmal!"

„Hm. Na, darüber werden wir uns schon einig. Das Traurige an der Sache ist allerdings nicht, dass ich das

Geld nicht mehr hatte, sondern dass du mich bestohlen hast. Aber immerhin ist es gut, dass du es mir jetzt gesagt hast."

Louis schaut auf. „Weil Alex in der Jungschar gesagt hat, wir sollen, wenn wir Scheiße gebaut haben –"

„Das sagt man nicht, Louis!"

„Ach so. Na, wenn wir was falsch gemacht haben, sollen wir das sagen. Und in Ordnung bringen. Weil es sonst nicht klappt, dass Gott uns vergibt. Denn zu Gott sagen: Entschuldigung, ich will es nicht wieder tun, wenn wir Sch... also, wenn wir was getan haben, was nicht richtig war – und dann einen anderen beklauen, oder so was –, das passt nicht zusammen."

„Hm."

„Das stimmt doch, oder?" Louis beugt sich in seinem Sessel vor. „Dass Gott uns wieder gut ist, wenn wir ihn darum bitten, und wenn wir ... also wenn zwischen uns alles klar ist."

„Na ja, wenn Alex das sagt, wird's wohl stimmen", murmelt seine Oma.

„Glaubst du nicht, dass Gott uns dann vergibt?" In Louis' Gesicht ist eine Mischung aus Überraschung und Enttäuschung zu lesen.

„Doch, dir vergibt er sicher, mein Junge. Bei mir ... ist das nicht so einfach."

„Wie meinst du das, Oma? Denkst du, er vergibt dir nicht? Oder hast du gar nichts Schlimmes gemacht?"

„Ach, Junge! Doch, ich habe auch was Schlimmes gemacht." Oma spricht seltsam leise.

„Was denn zum Beispiel?"

„Das kann ich dir nicht sagen. Das … das ist nichts für Kinder."

„Aber Alex sagt, Gott ist ja nicht nur zu den Kindern freundlich und liebt sie. Auch die Großen –"

„Da bin ich mir nicht sicher."

Louis kriegt große Augen. „Nicht?"

„Vergiss, was ich gesagt habe, Louis! Dich liebt Gott bestimmt. Was ich über mich gesagt habe … war nur ein Scherz."

Louis ist entrüstet. „Über so was soll man aber keine Scherze machen, Oma."

„Ja, da hast du recht. Willst du jetzt ein Stück Schokolade?"

„Ja, gern."

„Du weißt ja, in welcher Schublade sie liegt. Hol dir was!"

Freudig springt Louis auf. „Danke, Oma!"

3

Sonntag, 5. Juli 1992

Jens steht auf dem Plateau eines Hangs an einen Baum gelehnt. Unter sich sieht er die Bahntrasse, auf der keine Gleise mehr verlegt sind. Rechts verschwindet die Trasse im Berg. Man hat den Tunneleingang zugemauert und nur eine eiserne Tür eingesetzt, die mit einem Vorhängeschloss gesichert ist.

Anscheinend war bis vor Kurzem davor auch Erde aufgeschüttet, die aber zur Seite geschoben worden ist. Der Radlader, mit dem das gemacht wurde, steht noch auf der Trasse. Die Arbeit ist wohl noch nicht beendet.

Natürlich ist heute, am Sonntag, alles still. Es ist ein friedlicher Sommertag. Die Sonne scheint, Blumen blühen ringsumher auf dem Hang, Vögel zwitschern.

Aber in Jens' Gesicht spiegelt sich nichts von diesem Frieden wider. Er stellt sich vor, wie die SS-Männer die Zwangsarbeiter in den Tunnel geprügelt haben. Können Menschen so grausam sein?

Jens wird aus seinen Gedanken aufgeschreckt, als er Stimmen hört. Er kann aber nichts verstehen, denn die Fremden reden offenbar in einer Fremdsprache.

Als er hinter dem Baum hervortritt, sieht er einen jungen Mann und eine Frau mittleren Alters auf ihn zukommen. Die beiden registrieren ihn, kommen näher und grüßen, der junge Mann nur mit einem Kopfnicken und die Frau mit einem fremdländisch klingenden „Guten Tag".

„Guten Tag", grüßt Jens zurück.

„Kennen Sie aus? Äh, kennen Sie sich aus hier?", fragt die Frau.

„Nicht wirklich", antwortet Jens. „Ich bin nur zu Besuch und wohne für eine Woche im Gasthaus. Suchen Sie den Eingang zum Tunnel? Dann sind Sie hier richtig. So viel weiß ich immerhin."

„Ja, danke. Ich danke Sie – äh … Ihnen. Die Maschine da … wird gearbeiten?"

Jens nickt. „Anscheinend. Es heißt, der Tunnel und die ganze Bahnstrecke soll wieder in Betrieb genommen werden."

„Man kann aber nicht in Tunnel gehen, stimmt?"

„Ja, er scheint verschlossen zu sein. Wieso sind Sie denn hier?"

Die Frau lässt sich ins Gras sinken und Jens setzt sich neben sie. Der junge Mann steigt währenddessen den Abhang hinunter und geht zum Tunneleingang.

„Wir sind aus Polen", erklärt die Frau. „Wir arbeiten bei Ernte in Pfalz. Tomasz", sie zeigt zu dem jungen Mann, „Tomasz ist … – wie heißt Sohn von Sohn?"

„Enkel."

„Ja. Tomasz ist Enkel von Mann, das war hier in Krieg. Sein … sein …"

„Opa."

Die Polin nickt dankbar. „Sein Opa viel erzählt von Arbeit unter die Erde, wo Eisenbahn fährt."

„Im Tunnel."

„Ja. Hat gemacht Ding vorn an Flieger, was dreht …"
„Propeller?" Jens schaut sie fragend an.
„Propeller. Hat viel davon gesprochen. Und als Tomasz kommt nach Deutschland, zu arbeiten in Ernte, Tomasz will sehen Tunnel in Elbuch."
„Erlbruch."
„Erl-bruch? Ja. Aber Tomasz kein Wort Deutsch. Darum er bittet mich zu kommen mit ihm. Ich bin Maria. Bin schon viele Jahre zu arbeiten in Deutschland. Immer in Sommer in Ernte."
„Aber es gibt hier anscheinend nicht viel zu sehen."
„Nein." Maria lächelt jetzt und zuckt mit den Schultern.
Sie blicken hinab zum Tunnel und sehen, wie Tomasz die Eisentür und das Schloss gründlich untersucht. Er rüttelt daran, aber vergeblich – die Tür ist versperrt. Dann geht er suchend umher. In dem Erdhaufen, der von dem Radlader zur Seite geschoben worden ist, findet er einen dicken Stein, größer als ein Männerkopf. Er hebt ihn auf, schleppt ihn zur Tür und lässt ihn auf das Schloss donnern.
„He! Was machst du denn da?", ruft Jens. „Du kannst doch nicht …" Er springt auf und rennt hinunter. Die Frau folgt langsamer und ruft dabei etwas, das Jens nicht versteht.
Als er bei dem jungen Polen ankommt, will er ihm in den Arm fallen, hält dann aber inne. Er erinnert sich plötzlich, wie er selbst einmal eine Tür aufgebrochen hat. Damals allerdings mit einer Eisenstange, und dahinter stand ein Moped, auf das er es abgesehen hatte.

Heute schämt er sich dafür. Er würde es nie mehr machen. Aber die Erinnerung trägt dazu bei, dass er sich nicht dazu aufraffen kann, einen anderen daran zu hindern.

Jetzt springt das Schloss von der Schelle an der Tür. Tomasz wirft den Stein zur Seite und zieht die Tür auf. Sie quietscht und Tomasz muss sich anstrengen. Die Scharniere scheinen eingerostet zu sein.

Dann stehen die beiden jungen Männer vor dem gähnend dunklen Loch. Maria ist inzwischen herangekommen und redet weiter, aber niemand achtet darauf.

Tomasz geht vorsichtig hinein. Nach fünfzehn oder zwanzig Schritten nimmt er ein Feuerzeug heraus und versucht, mit der Flamme etwas die Dunkelheit zu erhellen.

Jens kann seine Neugier nicht zurückhalten. Er folgt Tomasz in den Tunnel, nur Maria bleibt draußen stehen.

Nachdem die beiden ein Stück weitergegangen sind – jetzt nebeneinander –, wird es so dunkel, dass das kleine Flämmchen fast nichts mehr nützt. Sie müssen aufpassen, dass sie nicht stolpern. Es liegt allerlei herum: Bretter und andere Holzabfälle, altes Werkzeug und leere Eimer.

Dann sehen sie an der Seite alte Werkbänke stehen. Auch darauf liegen Gegenstände, vor allem aber Staub. Spinnweben sind überall ausgebreitet.

Eine Weile stehen die beiden still.

„Hier also hat dein Opa gearbeitet“, sagt Jens, ohne daran zu denken, dass der andere ihn nicht versteht.

Tomasz wendet sich ab und geht weiter. Als er die

Feuerzeugflamme in die Höhe hält, können sie Fledermäuse sehen, die an der Decke hängen.

„Komm zurück!“, fordert Jens ihn auf. „Du hast es doch jetzt gesehen! Was willst du denn noch?“

Aber Tomasz beachtet ihn nicht. Vorsichtig Fuß vor Fuß setzend geht er weiter. Nach jedem Schritt sieht er sich um.

Da Jens weder ein Feuerzeug noch eine Taschenlampe hat, gibt es nur zwei Möglichkeiten: Entweder er bleibt bei dem Polen und folgt ihm, so lange und so weit Tomasz gehen will, oder er geht gleich zurück, solange er noch den Eingang als hellen Punkt erkennen kann. Er entscheidet sich für den Rückzug.

Maria wartet noch immer vor dem Eingang. Als Jens den Tunnel verlässt, sieht sie ihn fragend an: „Wo ist Tomasz?“

„Er ist weiter hineingegangen. Ich wollte nicht mitgehen. Ich habe noch eine Verabredung nachher. Aber er schien auf meine Begleitung auch keinen Wert zu legen.“

„Er nichts verstanden. Aber ja, er ist auch ein bisschen … wie heißt das? Will alles selbst …“

„Eigensinnig?“

„Ja, eigensinnig. Ein gutes Wort, sagt genau. Eigensinnig. Aber ich bin jetzt auch so. Ich stehe nicht hier und warte. Gehe zurück zum Auto und lese mein Buch. Oder – weißen sie, ob ich kann im Dorf etwas Essen kaufen?“

Jens grinst und zeigt den Weg hinunter: „Ja, sicher. Kommen Sie einfach mit mir zum Gasthaus!“

„Gut. Ich schreibe Zettel für Tomasz und lege in Auto. Dann er weiß, wo ich bin.“

*

Tomasz geht immer tiefer in den Tunnel hinein. Überall findet er Spuren der Arbeit, die vor einem halben Jahrhundert hier geleistet wurde. Und damit auch Zeugen des Leidens der Männer, von denen einer sein Großvater war.

Mit Schrecken merkt er plötzlich, dass die Flamme seines Feuerzeugs kleiner wird. Er muss zurück!

Aber es ist zu spät. Die Flamme verlöscht.

Angst hat er eigentlich nicht im Dunkeln, aber leichte Beklommenheit überfällt ihn. Und er ärgert sich. Wie hatte er nur so gedankenlos sein können! Diese Zeugen einer längst vergangenen Geschichte haben ihn zu sehr gefesselt.

Wenn er sich recht erinnerte, lagen auf den letzten hundert oder hundertfünfzig Metern keine Hindernisse im Weg. Wenn er also die Arme nach rechts und links ausstreckte, um nicht gegen die Seitenwände zu laufen, müsste er einigermaßen zügig gehen können.

Aber das ist ein Irrtum. Nach nur wenigen Schritten läuft er gegen eine Bank auf der Höhe seines Schienbeins. Er kommt ins Stolpern, fällt und schlägt mit dem Kopf auf die Kante einer Werkbank. Die Dunkelheit um ihn herum erreicht nun auch seinen Kopf – in der Einsamkeit des Tunnels verliert er das Bewusstsein.

*

Erich Mühlfeld stellt den Fernseher ab. Das Sonntagnachmittagsprogramm ist ihm zu langweilig. Er entschließt sich stattdessen, wegen des schönen Wetters einen Spaziergang zu machen.

Eigentlich, denkt er, als er die Haustür hinter sich zuzieht, *eigentlich könnte ich nach Erlbruch fahren und da mal nach dem Rechten sehen. Es sind ja nur ein paar Kilometer. Sieben oder acht.*

Als alleinstehender Mann älteren Semesters ist er oft in Gedanken bei der Arbeit. Also setzt er sich in seinen kleinen Peugeot und fährt dorthin, wo er am Freitag den Radlader abgestellt hat. Sein Chef wird sich freuen, wenn er auch am Wochenende mal ein Auge auf das teure Ding wirft.

Alles scheint in Ordnung zu sein. Es steht nur ein fremdes Auto in der Nähe des Tunnels. Neugierig geht er um den Kleinwagen herum. Hinter der Frontscheibe liegt ein großer Zettel. Aber was darauf steht, kann er nicht lesen. Es scheint in einer fremden Sprache zu sein.

Dann fällt sein Blick auf den Tunneleingang. *Nanu! Die Stahltür steht ja offen!*, bemerkt Erich überrascht. Schnell läuft er hin. Ein kurzer Blick verrät ihm, dass jemand das Schloss mit Gewalt aufgebrochen hat.

Diese Rowdies! Diese frechen Bengel, die alles kaputt machen, nur aus Lust am Zerstören! Bestimmt waren es Jugendliche, die nichts Besseres zu tun wussten. Oder Kinder, neugierige Rotzlöffel, die unbedingt mal in den Tunnel wollten! Zu klauen gibt es ja sicher nichts in diesem alten Loch, das seit fast fünfzig Jahren niemand mehr betreten hat, schießen ihm die empörten Gedanken durch den Kopf.

Verärgert geht er ein paar Schritte in den Tunnel hinein. „Hallo? Ist hier jemand?"

Es geschähe den Kerlen ja ganz recht, wenn sie da drinnen eingesperrt würden, denkt er sich in seiner Verärgerung. Wenn er die Tür einfach wieder verschließen würde, käme keiner mehr raus. Aber ganz so streng sollte man sie wohl doch nicht bestrafen. Ganz abgesehen davon, dass man ihm nachher einen Vorwurf machen würde.

Also geht er noch ein Stück weiter hinein und ruft lauter: „Hallo? Wenn ihr nicht eingesperrt werden wollt, solltet ihr jetzt besser rauskommen!"

Aber nichts rührt sich. Die Bengel sind also wahrscheinlich längst abgehauen. Mit einem Kopfschütteln tritt Erich wieder ans Tageslicht. Er begutachtet das Schloss; da ist nichts mehr zu machen, es ist völlig kaputt. Wie soll er den Tunnel jetzt sicher verschließen, damit nicht noch jemand hineingeht?

Da kommt ihm eine Idee! Die Stahltür geht nach außen auf. Aber man könnte sie nicht öffnen, wenn er etwas davorstellen würde. Behände steigt er auf den Radlader – den Schlüssel hat er immer bei sich –, lässt den schweren Dieselmotor an und fährt ganz dicht vor den Eingang. So dicht, dass die große Schaufel an die Stahltür drückt.

Da kann jetzt keiner mehr rein. Zufrieden stoppt er den Motor und steigt ab. Mit einem letzten Blick auf die verschlossene Tür beginnt er seinen geruhsamen Sonntagnachmittagspaziergang.

4

Hier muss es wohl sein. Jens steht vor einem alten kleinen Häuschen. Er tritt heran und liest auf dem Namensschild: „Reeber."

Er klingelt und im nächsten Augenblick wird die Tür auch schon temperamentvoll aufgerissen. „Hallo, Jens!"

„Hallo, Alexander! Nett von dir, dass du mich eingeladen hast!"

Alex winkt Jens herein. „Gern. Komm, wir setzen uns in den Garten."

„Na ja, eigentlich habe eher ich mich ja zu dir eingeladen."

„Und das war gut so! Das hier ist übrigens meine Frau Pia."

Jens begrüßt die junge Frau mit den kurz geschnittenen schwarzen Haaren, die nun in den Flur getreten ist und ihn freundlich anlächelt. Sie hat ein Baby auf dem Arm.

Jens ahnt, dass von ihm erwartet wird, das Kind angemessen zu bewundern, oder sogar „Ei, ei, na du?" oder so etwas zu machen. Aber das kann er nicht, selbst wenn man ihm hundert Euro dafür gäbe.

„Und das, Pia, ist Jens. Ein hervorragender Torwart. Wenn er länger hier wäre, und nicht nur eine Woche, würden wir sicher gute Freunde werden."

Pia reicht Jens die Hand und sagt: „Wenn ihr im Garten sitzen wollt, bringe ich euch was zum Trinken. Okay?"

„Okay. Danke!"

Mit wenigen Schritten durchqueren sie das alte kleine Fachwerkhaus und kommen in einen urwaldähnlich verwilderten Garten. Die Gartenstühle, auf denen sie bald darauf sitzen – gusseiserne Gestelle mit Sitzflächen aus Holzlatten – scheinen aus der Zeit zu stammen, als Deutschland noch einen Kaiser hatte.

„Ein hübsches Fachwerkhäuschen!", lobt Jens. „Besonders von der Rückseite."

Alex lacht. „Ja, weil man da noch das originale Balkenwerk sieht. Die Vorderseite wurde mal verputzt in einer Zeit, als Fachwerk als altmodisch galt. Ich habe vor, den Putz wieder abzuschlagen. Aber noch komme ich nicht dazu. Pia hat das Haus von ihren Großeltern geerbt."

Die junge Frau balanciert mit einer Hand ein Tablett, auf dem Gläser und Flaschen stehen, und schiebt mit der anderen einen Kinderwagen, in dem das Baby liegt. „Alex, du passt jetzt auf unseren Schatz auf, ja? Ich geh eine Runde joggen."

Und weg ist sie. Alex nickt und zieht den Wagen zu sich heran.

„Meine Schwester sagt, dass du zur Jungschar gekommen bist, war nur eine Notlösung, weil es hier keinen Gottesdienst gibt."

„Das stimmt. Als ich Christ geworden bin, hat man mir gesagt, ich sollte mich zu anderen Christen halten. Damit mein Glaube nicht vertrocknet, sondern wächst. Das scheint mir einleuchtend."

Alex lächelt und nimmt jetzt eine der Flaschen zur

Hand, um Jens und sich einzugießen. „Da hat man dir sicher etwas Richtiges gesagt. Du bist also Christ?"

„Ja. Allerdings noch nicht lange. Erst ein paar Wochen."

„Oh – das ist wirklich noch nicht lange. Wie kam das denn?"

„Ich bin da zufällig in eine Veranstaltung geraten. Erst da stellte sich heraus, dass es eine christliche Veranstaltung war."

„Und da? Was hast du gemacht?"

Jens zuckt die Achseln und nimmt sich eins der Gläser. „Erst mal gar nichts. Es wurde etwas mit mir gemacht – Gott hat mich angesprochen."

„Woher wusstest du denn, dass es Gott war?"

„Wer oder was sollte es denn sonst gewesen sein? Der Redner wohl kaum, denn seine Predigt war – wie soll ich das sagen? – ein bisschen umständlich. Eigentlich nicht sehr mitreißend. Aber ich wusste, dass es die Wahrheit war, was er sagte. Weil es mich tief innen aufgewühlt hat, getroffen, verstehst du? Ich habe nachher mit dem Mann geredet ..."

„Den du bis dahin gar nicht kanntest?"

„Genau." Jens trinkt einen Schluck, dann fährt er fort: „Er sagte viel von Sündenvergebung und so. Das hat mich nicht besonders angesprochen ... Versteh mich richtig – ich habe schon manches Ding gedreht, und wenn Gott sagt: Schwamm drüber, dann finde ich das gut. Natürlich! Aber was mich am meisten fasziniert hat, ist, dass ich merkte: Gott ist da! Ich war immer sicher gewesen, dass es ihn gar nicht gibt. Aber nun redete er mit mir! Er war nicht nur da – in dem Sinne, dass er irgendwo weit weg existierte –, sondern er hatte auch Interesse an mir."

„Hm. Das verstehe ich. Mir ist es einmal ähnlich gegangen, wenn auch nicht so plötzlich."

Jens schweigt einige Augenblicke. Dann fährt er fort: „Der Mann hat mit mir gebetet und dann habe ich auch selbst gebetet. Also irgendwie gesagt, was mich bewegt. Ich hab Gott all den Mist, den ich in meinem Leben gemacht habe, vor die Füße gelegt und ihn um Vergebung gebeten. Und ich habe gehofft, dass Gott es hört. Dann meinte der Mann: Jetzt bist du ein Christ. Und ich bin mir sicher, dass das stimmt – obwohl ich ziemlich wenig darüber weiß."

Jens stellt das Glas wieder auf dem Tisch ab und erzählt weiter: „Er war es auch, der mir sagte, ich solle andere Christen suchen und mich mit ihnen austauschen. Sonst würde ich am Ende wieder zurückfallen in meine alten Gewohnheiten. Damit hat er wahrscheinlich recht. Ich komme aus einer atheistischen Familie."

„Und darum kommst du heute zu mir?"

„Genau. Aber auch, weil ich hier sonst niemanden kenne. Und einen Urlaub nur mit Lesen zu verbringen, ist mir zu langweilig."

Alex nickt. „Das verstehe ich. Warum bist du denn überhaupt hierhergekommen? Ich meine, Erlbruch ist ja nicht gerade das große Touristenzentrum."

„Ich habe meinen Großvater hergebracht und helfe ihm. Er sieht nicht mehr gut und kann auch nur noch schlecht gehen."

„Ach ja, Lena hat erwähnt, dass er mit dir gekommen ist. Und was zieht ihn hierher?"

Jens überlegt einige Augenblicke, dann antwortet er: „Das ist noch sein Geheimnis, an dem ich gerade herumrätsele. Aber er hat versprochen, es bald zu lüften."

„Ach – und du hast keine Ahnung, worum es geht?"

„Doch. Äh …" Jens schaut zum Himmel, als stände da die Antwort geschrieben. „Aber – warten wir ab."

„Klar. Sorry für meine Neugier!"

„Er kommt schlecht allein zurecht. Meine Oma ist schon länger tot, und mein Vater auch. Meine Mutter konnte ihn nicht begleiten. Die arbeitet halbtags und muss meine beiden kleinen Schwestern versorgen."

Jens schaut in die Ferne und schweigt.

Als Alex ihn gespannt ansieht, redet er weiter: „Ich weiß nicht, ob du das nachvollziehen kannst … Also, es ist so: Ich weiß noch nicht so richtig, was Gott von mir erwartet, aber trotzdem kann ich mir denken: Einem anderen helfen, der Hilfe braucht, kann nicht verkehrt sein, wenn ich jetzt ein Christ bin. Weil ja auch Gott selbst … – ach, was rede ich da? Du kennst dich da viel besser aus als ich!" Seufzend bricht Jens ab, zögert einen Moment und sagt dann leise: „Ich hab ihn einfach gern, meinen Opa. In der letzten Zeit eigentlich noch mehr als früher."

Alex nickt. „Du kannst mich über alles ausfragen, was du wissen willst. Wenn ich kann, antworte ich dir und erkläre alles."

Alex trinkt nun auch einen Schluck und schaut kurz in den Kinderwagen, als das Baby vor sich hin gurgelt. Dann wendet er sich wieder an Jens.

„Komm doch nächsten Samstag wieder in die Jungschar und erzähle den Kids, was du mir eben erzählt hast."

„Das werden sie bestimmt nicht verstehen. Ich verstehe ja selbst kaum, was mit mir passiert ist."

„Aber es wird sie beeindrucken. Und es unterstreicht, was ich ihnen immer sage, nämlich, dass sie ihr Leben mit Gott in Ordnung bringen sollen."

Jens lehnt sich vor und zuckt mit den Schultern. „Okay. Wenn du meinst ..."

„Im Übrigen – wenn dir noch mal langweilig wird, sag Bescheid. Ich kann dir ein bisschen was von der Gegend zeigen." Dann fügt er grinsend hinzu: „Natürlich erst, wenn ich von der Arbeit zurück bin und meine Pflichten gegenüber Weib und Kind erledigt habe."

Jens lächelt. „Danke für das Angebot! Vielleicht kann ich dir auch helfen, den Putz von der Vorderfront deines Hauses abzuklopfen."

Alex lacht. Es hört sich immer sehr unbeschwert an, dieses Lachen. „So weit kommt's noch! Du bist im Urlaub!"

„Ich kann so was aber! Habe oft auf dem Bau gearbeitet, um mir etwas Taschengeld zu verdienen."

„Danke. Aber kümmre du dich ruhig um deinen Großvater! Übrigens – du sagtest vorhin, deine Familie sei atheistisch. Hast du deinem Opa denn von deinem Erlebnis mit Gott erzählt? Dass du Christ geworden bist? Und wenn ja, was sagt er dazu?"

Jens schaut betreten vor sich. „Er weiß es noch nicht."

„Nicht?"

„Na ja, ich werde es ihm noch erzählen. Aber ich muss mir erst noch überlegen, wie ich es ihm erkläre. Er ist nämlich sehr ... sehr atheistisch. Und er meint auch, als Wissenschaftler seine Einstellung beweisen zu können."

Alex nickt verstehend. „Hm. Schade. Falls du einen Rat brauchst: Du solltest nicht verschweigen, was du glaubst. Aber dabei nicht argumentieren, sondern bezeugen."

„Hä? Wie meinst du das?" Jens zieht die Stirn kraus.

„Na ja, du solltest nicht versuchen, ihm in logischen Gedankengängen klarzumachen, dass du recht hast. Das würde dir wahrscheinlich gar nicht gelingen. Sondern einfach berichten, was du erlebt hast."

Das Baby fängt jetzt an zu quengeln. Alex nimmt es auf den Schoß und wiegt es ein wenig.

Jens beobachtet das kleine Wesen und sagt dann: „Ich fühle mich wie so ein Baby, das in eine Welt hineingeboren wird, von der es absolut nichts weiß. Mir ist die Welt des Glaubens auch so ein unbekanntes Land. Ich weiß nur, dass ich da angekommen bin. Und ich bin froh, dass da einer ist, der sich um mich kümmert, wie eine Mutter sich um ihr Baby kümmert."

„Ja, ein zutreffender Vergleich. Ich finde –"

Er kann nicht mehr sagen, was er findet, denn jetzt läutet im Haus das Telefon.

„Oh – kannst du mal eben das Baby halten?" Ohne eine Antwort abzuwarten, reicht er es Jens. Doch der weicht abwehrend zurück.

„Äh nein! Ich kenne mich mit so was nicht aus! Bitte nicht! Am Ende mache ich noch was kaputt!"

„Da kannst du gar nichts verkehrt machen. Achte nur darauf, dass der Kopf oben ist und die Füße unten." Und schon hat er Jens das Bündel in die Arme gedrückt und eilt ins Haus.

Jens hält das Kind etwas unbeholfen fest. Er schaut es genauer an. Auf einmal verändert sich der Ausdruck in dem kleinen Gesicht. Sein Jammern wird leiser und hört schließlich ganz auf.

Jens liest in den Augen des Babys Neugier und dann heben sich die Mundwinkel. Tatsächlich – es lächelt ihn an, obwohl er ein Fremder ist.

„Du bist aber freundlich!", sagt Jens.

Alex ruft aus dem Haus: „Komm mal, Jens! Du wirst am Telefon verlangt." Vorsichtig fasst Jens das Kind fester, steht unbeholfen auf und geht durch die Hintertür hinein.

„Er hat mich angelächelt! Stell dir vor! Ich scheine eine positive Wirkung auf Babys zu haben."

„Sie."

„Was?"

„Du hast ‚er' gesagt. Aber es ist ein Mädchen."

„Ach so! Na, umso besser! Ich habe eine anziehende Wirkung auf das weibliche Geschlecht. Wer ist denn dran?" Jens grinst.

Alex nimmt ihm das Baby ab. „Meine Schwester Lena."

„Ach, ist was mit Opa?" Besorgt nimmt Jens den Hörer in die Hand. „Hallo, Lena?"

Am anderen Ende hört er ihre Stimme: „Hallo Jens! Ich dachte mir, dass du bei meinem Bruder sein könntest, nach dem, was er mir gestern erzählt hat. Hier ist eine Frau, die nach dir fragt."

„Eine Frau?"

Aber Lena hat den Hörer schon weitergegeben. „Hier ist Maria aus Polen. Wissen Sie, wo ist Tomasz?"

„Tomasz? Ist er nicht bei Ihnen? Ich bin früher als er aus dem Tunnel herausgekommen. Aber das wissen Sie doch! Er wollte wohl noch weiter hineingehen."

„Warum? Er kein Licht hat."

„Er hatte ein Feuerzeug. Haben Sie beim Tunnel nachgesehen?"

„Er kam nicht. Da ich ging hin und nachsehen. Aber der Tunnel ist verschlossen, mit Maschine."

„Vielleicht hat jemand die Tür verschlossen, ohne zu wissen, dass Tomasz drin ist."

„Bitte – können Sie helfen?"

„Wo sind Sie?"

„Bei Hotel, weil Sie gesagt haben, Sie wohnen in Hotel."

„Bleiben Sie da! Ich komme mit dem Auto und hole Sie ab, und dann fahren wir gemeinsam zum Tunnel."

Jens legt auf und sieht Alex besorgt an.

„Ich habe das meiste mitgekriegt", sagt Alex. „Ich kann nicht mit – das Baby. Aber da steht mein Werkzeugkasten. Nimm den mit! Vielleicht brauchst du ihn, um das Schloss –"

„Hast du auch eine Taschenlampe?"

Alex reißt eine Schublade auf, greift hinein und gibt Jens eine Lampe.

„Danke! Ich bringe dir alles wieder. Spätestens morgen." Er rennt zu seinem Auto. Alex ruft ihm nach: „Das hat Zeit."

Als Jens einige Minuten später auf den Hof des Hotels fährt, sieht er Maria vor dem Haus stehen, neben ihr Leon, der elfjährige Sohn des Hotelbesitzers. Jens dreht eine schnelle Kurve, sodass der Kies spritzt, und stößt die Beifahrertür auf. Leon reißt die hintere Tür auf.

„He, Leon! Was willst du denn hier?"

„Nimm mich mit! Vielleicht kann ich suchen helfen. Ich kenne mich hier sicher besser aus als ihr beide zusammen." Als Jens nicht antwortet, springt Leon einfach ins Auto, knallt die Tür zu, und nachdem auch Maria eingestiegen ist, fahren sie los.

Nach nur wenigen Minuten kommen sie oberhalb des Tunneleingangs zum Stehen. Jens springt aus dem Wagen und sieht gleich, dass sich etwas verändert hat. Der Radlader steht nun unmittelbar vor der Mauer und der Stahltür.

Er eilt hinunter und begreift, warum die Baumaschine hier steht. Irgendjemand hat anscheinend gesehen, dass das Schloss zerstört worden ist und hat den Radlader dicht vor die Tür gefahren, damit die sich nicht mehr öffnen lässt.

„Tomasz! Bist du da drin? Tomasz!"

Maria ist jetzt auch da und ruft auf Polnisch. Aber es kommt keine Antwort.

„So ein Mist!" Jens klettert auf den Radlader. „Es ist kein Schlüssel da. Wenn der Fahrer ihn stecken gelassen hätte, hätte ich das Ding zurückfahren können. Ich habe schon einmal mit so einer Maschine gearbeitet." Er springt runter.

„Leon, wohnt der Arbeiter bei euch im Gasthaus?"

„Nein, ich glaube, du und dein Opa, ihr seid jetzt die einzigen Gäste."

„Was machen wir jetzt?", fragt Maria aufgeregt. „Wir nicht können in alle Häuser fragen, wo Mann von Maschine ist."

„Wahrscheinlich wohnt er in einem anderen Ort. Heute ist Sonntag …"

„Tooomasz!", ruft Maria wieder verzweifelt. Sie hebt einen dicken Stein auf, klettert damit auf die Ladeschaufel und donnert ihn gegen die eiserne Tür.

„Leon!" Jens hat einen Einfall. „Warst du schon mal am anderen Ende des Tunnels, in Intringen?"

„Ja, wir haben auf dem Berg Indianer gespielt, und wenn man da –"

„Sieht es da genauso aus wie hier? Mit so einer Stahltür?"

„Äh – ja, ich glaube schon."

„Kommt schnell! Ins Auto. Und du, Leon, sagst mir, wie ich fahren muss, um zum anderen Ende des Tunnels zu kommen."

Sie eilen den Hang hinauf zum Auto. Jens hilft Maria, damit es schneller geht, und dann fahren sie los.

Jens erinnert sich, dass Hugo Stoll gesagt hat, der Tunnel sei … wie lang? Vier Komma irgendwas Kilometer. Dann wird die Straße über den Berg mit vielen Serpentinen bestimmt doppelt so lang sein. Sie könnten in gut zehn Minuten dort sein, schätzt er, während er den Wagen mit quietschenden Reifen durch die Kurven lenkt.

Aber es werden doch fast fünfzehn Minuten, bis sie vor dem Tunneleingang von Intringen zum Stehen kommen. Der Eingang hier ist besser zugänglich. Sie halten mit dem Auto unmittelbar neben der Trasse.

Tatsächlich – hier wird die Stahltür genauso wie auf der anderen Seite mit einem Vorhängeschloss gesichert. Alles sieht ziemlich verrostet aus. Die Beschriftung auf der Tür, die besagt, dass der Zutritt strengstens verboten ist, ist kaum noch zu lesen.

Jens holt den Werkzeugkasten aus dem Auto. Ein Bolzenschneider ist nicht darin, aber eine Eisensäge. Eine Weile versucht Jens sich damit an dem Schloss. Aber an dem gehärteten Bügel hinterlässt die Säge kaum Spuren.

Jens verliert die Geduld und wühlt in dem Werkzeugkasten. Am Boden des Kastens findet er einen großen Meißel. Den kann er als Brecheisen benutzen. Er schiebt ihn hinter das Schloss und nutzt die Hebelwirkung. Maria hilft mit, am langen Ende zu ziehen. Der Rost erweist sich als Freund. Mit einem Ächzen gibt das Metall an der Tür nach und krachend fliegt das Schloss fort.

Maria öffnet die Tür.

Muffige Luft schlägt ihnen entgegen. „Ihr beide solltet hierbleiben“, sagt Jens.

„Ich gehe mit!“, stellt Maria fest. Es klingt, als könne man darüber nicht mit ihr diskutieren.

„Aber du bleibst hier draußen, Leon! Ist das klar?“

„Aber ich kann doch –“

„Nichts da! Nachher passiert etwas und ich bin schuld. Du bleibst hier!“

Jens zögert einen Moment und sagt dann leise zu Leon, während er ihm die Hand auf die Schulter legt: „Ich glaube, das war jetzt nicht sehr christlich. Wenn dir etwas passieren sollte, wäre es ja in erster Linie nicht für mich schlimm, sondern für dich. Ich habe mehr an mich gedacht –“

„Das verstehe ich nicht“, sagt Leon.

„Egal. Bleib du bitte hier. Und sei geduldig! Es kann länger dauern. Wenn er am anderen Ende ist, müssen wir acht Kilometer laufen.“

„Okay, ich warte.“

Jens und Maria gehen in das dunkle Loch hinein. Als kaum noch Licht durch die offene Tür hereinfällt, schaltet er die Taschenlampe an.

„Kannst du beten, Maria?“

„Ja. Das tue ich. Schon die ganze Zeit.“

„Gut.“

Es fällt ihm gar nicht auf, dass er die Frau mit ‚Du‘ anspricht. Die besondere Situation hat die Distanz aufgehoben.

Schweigend gehen sie weiter. In diesem Abschnitt ist nichts davon zu erkennen, dass hier vor fast fünfzig Jahren gearbeitet wurde. Wasser tropft von der Decke. Ihre Schritte hallen gespenstisch.

„Da!“ Maria zeigt an die Decke.

„Fledermäuse. Es muss irgendwo ein Loch geben, durch das sie raus- und reinfliegen.“

Als sie etwa die Hälfte der Strecke zurückgelegt

haben, sehen sie rechts einen Stapel Bretter. Dann liegt wieder nur der leere Gang vor ihnen.

Sie kommen in einen Bereich, in dem der Tunnel anscheinend erweitert wurde. Dort stehen Werkbänke, aber mehr auch nicht. Anscheinend wurden alle Maschinen, mit denen hier gearbeitet worden ist, bereits vor langer Zeit abtransportiert.

„Tomasz!"

Maria sieht ihn zuerst. Tomasz liegt seitlich nahe der Tunnelwand. Sie rennen zu ihm. „Tomasz! Hörst du uns?"

Der junge Mann stöhnt und bewegt sich etwas. Maria ist erleichtert. „Gott sei Dank, er lebt!"

Tomasz murmelt etwas auf Polnisch.

„Was hat er gesagt?"

„Er hat gesagt: ‚Es wird Zeit, dass ihr kommt.'"

„Frag ihn, was passiert ist! Und was ihm wehtut."

Die beiden Polen wechseln ein paar Worte, Tomasz nur stockend. Schließlich berichtet Maria: „Er kein Licht mehr gehabt. Feuer war aus. Ist gefallen und war … kein …"

„Ohnmächtig?"

„Ja, ohnmächtig. Kopf tut weh."

„Er sollte jetzt nicht den langen Weg bis zum Ausgang gehen. Vielleicht hat er sich verletzt und eine Gehirnerschütterung. Am besten bleibst du bei ihm und ich gehe und hole einen Notarzt und Sanitäter."

„Ja, das ist gut."

„Aber ich muss die Taschenlampe nehmen. Macht es dir etwas aus, so lange hier im Dunkeln zu sitzen?"

„Nein, ist gut."
Eilig macht Jens sich auf den Rückweg.

*

„Da bist du ja wieder", begrüßt Jens' Großvater ihn. Er sitzt in einem Korbstuhl vor dem Haus und lässt sich von der Abendsonne bescheinen. „Wo warst du denn so lange?"

„Das erzähle ich dir gleich. Ich muss nur schnell zu Herrn Theißen und ein Zimmer buchen." Ohne ein weiteres Wort zu verlieren, rennt Jens ins Haus. Leon ist bei ihm.

Nach einigen Minuten kommt Jens wieder heraus und setzt sich neben seinen Opa.

„Gleich kommt ein Krankenwagen und bringt einen jungen Mann. Der soll sich hinlegen, am besten ein paar Tage, sagt der Arzt. Er hat eine Gehirnerschütterung."

„Ach? Und wieso braucht er da ein Hotelzimmer? Hat er kein eigenes? Und was hast du damit zu tun?"

„Das ist eine längere Geschichte."

Der alte Mann sieht ihn erwartungsvoll an. „Macht nichts. Ich habe viel Zeit, wie du weißt. Also erzähl!"

„Tomasz ist ein junger Pole", berichtet Jens. „Er ist als Erntehelfer für einige Wochen in Deutschland. Weil sein Großvater im Krieg hier als Zwangsarbeiter im Tunnel war und … Ach so – ich muss etwas früher einsetzen: Also, es gibt einen ehemaligen Eisenbahntunnel. Da hat man im Krieg Propeller für Flugzeuge hergestellt, um vor Bomben sicher zu sein. Die Arbeiter waren hauptsächlich Leute aus Polen. Tomasz' Großvater war einer von ihnen und weil er immer von seiner Zeit dort im Tunnel erzählt hat, wollte Tomasz die Gelegenheit nutzen und sich den Ort ansehen. Aber er ist im Dunkeln gestolpert. Wir haben ihn gefunden – also Maria, die Polin, die ihn in ihrem Auto mitgenommen hat, und ich. Wir haben einen Arzt gerufen und der sagte, Tomasz müsse nun liegen. Er kann also nicht gut mit Maria zurück in das Massenlager. Da habe ich gesagt, sie sollen ihn hierher bringen."

Horst Montag rutscht unruhig auf seinem Korbsessel hin und her, dass es laut knistert. Dann sieht er Jens an. „Ein Enkel eines der Arbeiter von damals?"

„Ja."

„Und du … Dein Bericht war ziemlich knapp. Erzähl mir mehr!"

Das tut Jens. Er beginnt noch einmal von vorn und fügt noch einige Details hinzu. Zwischendurch blickt er immer wieder zu seinem Großvater, der ihn gespannt ansieht. Sein Blick ist merkwürdig flackernd.

Als Jens fertig ist, sagt der Alte: „Ich bezahle das Zimmer für den jungen Mann. Sag ihm das, damit er sich keine Sorgen macht. Und auch den Verdienstausfall."

„Das ist großzügig von dir, Opa. Allerdings kann ich es ihm nicht sagen, weil er kein Deutsch spricht. Aber Maria kann es ihm übersetzen."

In diesem Augenblick sehen sie einen Krankenwagen auf den Hof fahren.

„Das sind sie." Jens geht zum Wagen und steht daneben, als Tomasz mit einer Trage aus dem Auto geholt und ins Haus gebracht wird. Maria folgt ihnen. Als Tomasz im Haus ist, kehrt Jens zu seinem Großvater zurück.

„Hast du es ihr gesagt?"

„Dazu war gerade keine Gelegenheit. Aber ich hatte es ihr schon vorher gesagt."

„Was?" Horst Montag blickt auf.

„Nun ja, nicht alles ganz genau. Aber ich sagte, sie sollen sich keine Sorgen machen, mein Großvater würde vermutlich helfen."

„Na hör mal! Wie kommst du denn darauf?"

Jens lächelt, halb verlegen, halb triumphierend. „Ich habe es vermutet, weil das ein Enkel eines der Zwangsarbeiter ist. Und weil ... Ich habe über dein Geheimnis nachgedacht. Damit hat es zu tun, vermute ich. Ich bin noch nicht sicher. Lass uns später darüber reden, wenn wir uns gegenseitig unsre Geheimnisse verraten."

Sein Opa starrt ihn nur schweigend an.

Erst als der Krankenwagen fort ist, sagt der Alte: „Du hast recht, Jens. Über das alles müssen wir noch reden. Aber nicht jetzt."

Jens lächelt ihm ermunternd zu. „Ja, wir haben ja noch viel Zeit."

5

Montag, den 6. Juli 1992

Hugo Stoll hat als alleinstehender Senior seinen Haushalt auf ein Minimum beschränkt. Für sein Frühstück liegen drei Scheiben Knäckebrot auf seinem Teller, daneben stehen Quark und ein Glas Himbeermarmelade. Im Wasserkocher hat bis gerade das Wasser gesprudelt, das er nun auf einen Teelöffel Instantkaffee in seiner Tasse gießt.

Sein Schäferhund Hektor sitzt geduldig dabei und wartet, bis auch er versorgt wird.

Bevor der ältere Mann aber sein Frühstück beginnen kann, klingelt es plötzlich. Stoll steht behäbig auf und schlurft zur Tür, Hektor an seiner Seite. Er ist überrascht – draußen steht ein etwa fünfzehnjähriger Junge.

„Guten Morgen, Herr Stoll."

„Du bist doch … Moment – Patrik! Nein, Jannik! Stimmt's?"

„Ja, Jannik Henrich."

Hektor fängt auf einmal böse an zu knurren.

„Ruhig, Hektor!"

Aber der Hund knurrt weiter. Offenbar hegt er eine Antipathie gegen den jungen Mann. Weshalb nur?

„Du sollst still sein, Hektor!" Hugo Stoll blickt prüfend von Hektor zu Jannik. „Hast du ihn mal geärgert, Jannik? Mein Hektor ist bei so was ziemlich nachtragend."

„N… nein. Also ich kann mich nicht erinnern."

„Na schön. Also, was führt dich zu mir?"

„Mein kleiner Bruder, der Louis, geht immer in die Jungschar. Da geht auch der Leon hin, Leon Theißen, sie sind Freunde. Ich war am Sonntag bei ihm und –"

„Komm zur Sache, Junge! Mein Kaffee wird kalt."

„Leon hat einen echten Propeller an der Wand. Einen mit zwei Blättern. Der sieht toll aus. Ist von einem Jagdflugzeug, Messerschmidt Me 109, stimmt's?"

„Kann schon sein. Wieso?" Hugo Stoll sieht Jannik misstrauisch an.

„Er sagt, er hätte den von Ihnen. Sie hätten den wegschmeißen wollen. Da wollte ich fragen, ob Sie vielleicht noch so einen haben. Den Sie nicht mehr brauchen. Oder wenn nicht, wo ich einen herkriegen könnte."

Stoll nickt verstehend und schüttelt dann aber den Kopf. „Nein, Junge, ich hatte nur den einen. Wir haben die ja damals im Tunnel gemacht. Das wird dir dein Opa sicher erzählt haben, als er noch lebte. Aber wir konnten natürlich nicht einfach einen Propeller für uns behalten. Den einen habe ich damals nur aus dem Verkehr gezogen, weil er einen Fehler hatte. Man sieht ihn nicht gleich, aber ich konnte es nicht verantworten, ein fehlerhaftes Produkt abzuliefern."

„Schade!" Jannik schiebt die Unterlippe vor.

„Hat dein Opa nicht vielleicht auch einen behalten? Das kam schon mal vor, dass die Wachleute so etwas als Andenken mitnahmen."

„Ich weiß nicht. Vielleicht hat Opa einen auf dem Dachboden verstaut. Aber Oma will nicht, dass wir da rumkramen."

Stoll zuckt mit den Schultern. „Nun, da kann ich dir nicht helfen, Jannik. So, mein Kaffee wird kalt. Komm, Hektor!"

Unwillig knurrt der Hund hinter dem Jungen her, als der sich umwendet und davontrottet.

*

Horst Montag steht am Bett des jungen Polen, der ihn etwas beklommen anlächelt. Jens steht neben ihm und beobachtet, wie sein Opa versucht, sich mit Tomasz zu unterhalten.

„Ich habe mir sagen lassen, dass dein Großvater im Krieg hier war?"

Tomasz versteht kein Wort und blickt nur fragend lächelnd zwischen Jens und seinem Opa hin und her.

Jens wirft ein: „Es hat keinen Zweck, Opa. Wir brauchen Maria, aber die musste gestern Abend zurück. Sie muss ja heute wieder arbeiten. Jetzt haben wir niemanden, der übersetzen kann."

Tomasz sagt etwas auf Polnisch und reicht Jens die Hand hin. Offenbar will er sich für die Rettung bedanken. Jens lässt sich die rechte Hand schütteln und macht gleichzeitig mit der linken eine wegwerfende Bewegung, was so viel heißen soll wie: *Lass mal gut sein! Ist doch nicht der Rede wert.*

„Mein Name ist Horst Montag", sagt der Alte. „Ich will ..." Er hält inne, als Tomasz bei dem Namen plötzlich erschreckt seinen Besucher anblickt.

Für zwei Sekunden herrscht Stille.

Leise sagt Jens: „Er hat sich bei deinem Namen erschrocken. Anscheinend hat sein Opa ihm den überliefert. Woher sollte er ihn sonst kennen? Der Name muss ihm bekannt gewesen sein – woher Opa? Etwa als Mitglied der Wachmannschaft?"

Der Alte blickt betreten vor sich und schweigt. Dann nickt er langsam, sieht Jens betroffen an und sagt leise: „Nicht Mitglied. Anführer."

Die beiden jungen Männer schweigen. Tomasz, weil er die Spannung im Raum spürt und wartet, was nun geschehen wird. Jens, weil er seinen Großvater seinen eignen Gedanken überlassen will.

Der fragt endlich: „Wie bist du …" Er muss sich räuspern. „Wie bist du darauf gekommen?"

Jens holt tief Luft und erklärt dann. „Warum bist du sonst hierhergekommen? Ausgerechnet in dieses Kaff! Du warst damals hier. Das konnte nur sein, wenn es mit dem Tunnel zusammenhing. Ich konnte mir einfach nicht vorstellen, dass du bloß in sentimentalen Erinnerungen schwelgen wolltest. Also konnte der Grund, weshalb es dich hierherzog, nur ein schlechtes Gewissen sein."

Sein Großvater sieht ihn eine Weile still an, bis er endlich wortlos und kaum merklich nickt und den Blick wieder senkt.

Jens sagt leise: „Es ist natürlich schwierig, etwas wiedergutzumachen. Aber da bietet sich dir nun zufällig eine Gelegenheit mit dem Enkel von einem der Männer."

Horst Montag nickt und zuckt dann aber ratlos mit

den Schultern: „Es ist schon schwer genug, um Verzeihung zu bitten. Aber in einer fremden Sprache ist es ganz unmöglich."

Er neigt den Kopf und hofft zumindest, dass das von dem jungen Polen als Zeichen der Demut verstanden wird.

Tomasz erwidert etwas, gestikuliert auch dazu, aber was er damit ausdrücken will, kommt nicht an. Ratlosigkeit spiegelt sich in allen drei Gesichtern.

Plötzlich geht ein Leuchten über Tomasz' Gesicht. Er zeigt auf seine Tasche, die auf einem Stuhl liegt. Jens greift danach. „Willst du die?" Tomasz nickt.

Er nimmt die Tasche und nimmt ein kleines schwarzes Buch heraus – anscheinend eine Bibel. Er blättert darin, sucht offenbar eine bestimmte Stelle. Jetzt scheint er sie gefunden zu haben. Er lacht und zeigt mit der Linken auf den Vers, den er meint, und mit der Rechten auf die deutsche Bibel, die hier wie in fast allen Hotelzimmern auf dem Nachtschränkchen liegt.

Jens begreift, was der andere vorhat. Er liest in Tomasz' Bibel und glaubt zu verstehen: Epheser 4, und unter dem Zeigefinger: Vers 32. Nun blättert er in der deutschen Bibel. Es dauert einen Moment, bis er auch da die entsprechende Stelle gefunden hat. Dann liest er laut: „Vergebt einer dem anderen, wie auch Gott euch vergeben hat in Christus."

Die beiden jungen Männer lächeln sich an, dann schauen sie beide zu dem Alten. Horst Montag starrt auf die Bibel in der Hand seines Sohnes und dann in das Gesicht des Polen. Seine Augen werden feucht. Er tritt näher an das Bett heran und streckt zaghaft die Hand aus. Tomasz greift sie und drückt kräftig, er lächelt noch immer dabei. Der alte Mann erwidert den Händedruck bewegt, dreht sich dann um und verlässt wortlos das Zimmer.

Jens setzt sich auf die Bettkante. Tomasz spricht weiter, als hätte er ganz vergessen, dass der andere ihn nicht verstehen kann. Sein Gegenüber nickt nur, als wollte er allem bedenkenlos zustimmen, was der Pole sagt. Und das will er eigentlich auch, zumal Tomasz auch Christ zu sein scheint. Wer würde sonst eine Bibel mit sich herumtragen – und sich nach deren Anweisungen richten?

Jens schreckt aus seinen Überlegungen auf, als in Tomasz' Redefluss auf einmal deutsche Namen auftauchen. Die meisten sagen ihm nichts, einer aber durchaus: Hugo Stoll. Er versucht aus dem Ton von Tomasz' Rede herauszuhören, ob der Name für ihn mit negativen oder positiven Gedanken verbunden ist. Aber das gestaltet sich schwieriger als gedacht ...

*

„Wo gehst du denn hin, Oma?", fragt Jannik.

„Ins Dorfgemeinschaftshaus", antwortet die alte Frau und zupft vor dem Spiegel an ihrem Halstuch herum, als fände dort ein Ball statt und sie hoffe auf einen Tanz mit einem Verehrer.

„Was machst du denn da?"

„Ich gehöre doch zum Festausschuss. Wir besprechen noch Einzelheiten für das Heimatfest am Sonntag."

„Dauert das lange?“

„Weiß ich nicht.“

„Was schätzt du, wie lange ungefähr?“

Die alte Frau hält inne und schaut ihren Enkel fragend an. „Warum willst du das denn wissen? Es interessiert dich doch sonst nicht, wo ich wie lange bin.“

Jannik tritt von einem Fuß auf den anderen und zuckt mit den Schultern. „Ach, nur so …“

„Unter zwei Stunden wird es nicht abgehen. Wenn Paul Ackermann den Vorsitz führt, braucht er allein für sein Geschwafel bestimmt schon eine Stunde.“

„Paul Ackermann, der Friseur?“

„Genau, der Friseur und ehrenamtliche Ortsvorsteher. Und nun auch noch der Vorsitzende des Festkomitees.“

„Stimmt“, bestätigt Jannik. „Der ist ein ziemlicher Schwätzer.“

Oma Henrich wirft noch einen prüfenden Blick in den Spiegel und dreht sich dann zur Tür. „Und ein Wichtigtuer. Aber was soll's – es ist ja kein anderer bereit, diese Arbeit zu machen. Da muss man froh sein, wenn einer sich bereit erklärt. Und man muss es ihm lassen – er hängt sich ordentlich rein. So, ich bin dann weg.“

In der Haustür dreht sich Oma Henrich noch einmal um. „Dass du niemandem erzählst, was ich über Paul Ackermann gesagt habe, hörst du?“

„Nein, natürlich nicht!“

Jannik wartet noch einige Augenblicke, bis seine Oma hinter der nächsten Häuserecke verschwunden ist. Sie geht ziemlich langsam. Dann geht er ans Werk.

Er nimmt sämtliche zwölf Schlüssel von dem Schlüsselbrett hinter Omas Wohnungstür, dazu die etwa fünfzehn aus der Schublade unter der Garderobe, und steigt zwei Stockwerke hoch. Jetzt steht er vor der niedrigen Tür, die zum Dachboden führt. Das Wort Tür ist dabei etwas übertrieben, denn die Klappe ist nur etwa einen Meter zwanzig hoch.

Jannik betrachtet die Schlüssel und überlegt, welcher der Form und dem Alter nach infrage kommen könnte. Von den neun ausgewählten ist es der fünfte, der am Ende das Schloss öffnet.

Aufgeregt legt Jannik das ganze Schlüsselsortiment auf den Fußboden und öffnet den Verschlag.

Es quietscht und knarrt wie in einem Gruselfilm und Staub wirbelt auf. Schwaches Licht fällt durch eine ziemlich verdreckte Dachluke und beleuchtet eine Menge Gerümpel. Rechts steht ein langer alter Schlitten, auf dem früher bestimmt mal vier oder fünf Kinder gesessen haben und zu Tal gesaust sind. Mittlerweile ist eine seiner Kufen abgebrochen.

Links sieht Jannik eine Puppenbühne, an die er sich aus seiner Kindheit noch schwach erinnert. Seine Eltern haben ihm und Louis – oder lebte der da noch nicht? – Handpuppentheater vorgespielt. Später hat er es selbst probiert mit seinem kleinen Bruder als einzigem Zuschauer.

Dahinter steht ein Korb aus Weidengeflecht, in dem allerlei Spielzeug liegt, das er gar nicht kennt. Damit müssen wohl seine Eltern oder gar die Großeltern gespielt haben. Eine Straßenwalze aus Holz, ein Flitzebogen ohne Sehne, ein hölzernes Steckspiel und ein ganzer Stapel Bücher mit zerfleddertem Einband. Als Jannik eins aufklappen will, hüllt ihn eine Staubwolke ein. Besser, er rührt hier nichts an!

Jetzt fällt Janniks Blick auf eine alte Kiste aus massiven Brettern mit Eisenbeschlägen an den Ecken. Sie ist so groß, dass sicher ein kleiner Propeller hineinpassen würde. Leider ist sie mit einem Vorhängeschloss gesichert.

Jannik geht wieder zum Eingang zu seiner Schlüsselsammlung zurück – gebückt, denn er ist schon einen Meter siebzig groß und hat keine Lust, den Kopf an den Dachbalken anzustoßen. Er nimmt sämtliche Schlüssel mit vor die Kiste und probiert einen nach dem anderen aus.

Tatsächlich – einer passt! Das Vorhängeschloss springt auf. Jannik nimmt es ab und öffnet den Deckel der Kiste.

Zu seiner Enttäuschung ist sie fast leer. Kein Propeller liegt darin. Nur eine zusammengefaltete graue Decke und ein paar Kleidungsstücke, die er sich gar nicht genauer ansieht, weil sie ihn nicht interessieren. Außerdem gibt es noch eine Art großes Buch mit Ledereinband und in einer Ecke liegt ein merkwürdiges Bündel.

Als er es anfasst, fühlt es sich schmierig an. Trotzdem nimmt er es heraus und merkt dabei, dass etwas Schweres darin eingewickelt sein muss. Er schlägt das ölige Tuch auseinander und – hält eine Pistole in der Hand.

Eine Pistole!

Die hat sicher seinem Opa gehört. Ob sie noch funktioniert? Er nimmt die Waffe so in die Hand, wie er es aus den Krimis im Fernsehen kennt und zielt auf eine dicke Spinne, die in einer Ecke von den Dachsparren hängt. Das gibt ihm ein merkwürdiges Hochgefühl.

Doch für einen Schuss fehlt noch etwas. Jannik legt die Waffe auf das Tuch und wühlt erneut zwischen den verschiedenen Textilien in der Kiste. Er findet schnell, was er sucht: eine Pappschachtel mit Munition.

O Mann! Wenn er das seinen Freunden erzählt! Eine echte Pistole!

Die muss er ausprobieren! Aber wie? Und wo? Niemand darf es mitbekommen. Am besten irgendwo tief im Wald, wo nie ein Spaziergänger hinkommt, der den Knall hören könnte.

Jannik schließt die Kiste, verriegelt das Schloss und verlässt mit seinem Fund den Dachboden. Nachdem er die niedrige Tür sorgfältig verschlossen hat, steigt er hinunter und bringt alle Schlüssel wieder zurück an ihren Platz.

Dann geht er in sein Zimmer, stopft die Waffe und die Munitionsschachtel in eine Plastiktüte und verstaut alles ganz hinten in der Schublade unter dem Kleiderschrank.

Heute kann er die Pistole noch nicht ausprobieren. Er muss eine günstige Gelegenheit abwarten. Am besten bei Dunkelheit.

6

Bei Hugo Stoll klingelt es erneut. Hektor, der deutsche Schäferhund, springt auf und blickt in Richtung Tür. Sein Herrchen Hugo reagiert nicht so spontan. Er brummt nur: „Wer will denn jetzt schon wieder was von mir?"

Mürrisch schaltet er den Fernseher aus, vor dem er sowieso fast eingeschlafen wäre, und schlurft zur Haustür. Hektor gibt ihm Geleitschutz.

Zwei Männer stehen da im strömenden Regen unter einem schwarzen Schirm. Den einen, den jungen, kennt er schon. Mit dem hat er sich vorgestern unterhalten, als Leon den alten Propeller haben wollte. Und der Alte – kennt er den vielleicht auch? Ihm ist, als hätte er den schon mal gesehen.

Jetzt tritt der ältere Besucher einen Schritt vor und sagt: „Ich bin Horst Montag."

Eine Weile schaut Hugo den Mann schweigend an. Er weiß nicht, was er denken, geschweige denn sagen soll. Dann geht sein Blick zwischen den beiden Besuchern hin und her. Aha, der junge Mann war also der Enkel des Sturmbannführers.

Auch die beiden sagen nichts, weil sie ebenso wenig wie Hugo wissen, wie sie in Worte fassen sollen, was sie bewegt.

Hektor ist der Erste, der das Schweigen durchbricht. Der Hund spürt die Spannung und knurrt leise.

Hugo klopft ihm auf den Hals, um ihn zu beruhigen,

und sagt mit belegter Stimme: „Kommen Sie doch herein!"

Gemeinsam gehen sie ins Wohnzimmer und nehmen wortlos Platz. Nur Hugo seufzt etwas, was wohl von der Anstrengung des Hinsetzens kommt, was man aber auch als ein „So, so" verstehen kann.

Jens holt tief Luft und wendet sich an Hugo: „Da ich ja ein Außenstehender bin – jedenfalls in der Geschichte, die Sie beide verbindet –, sollte ich vielleicht den Einstieg ins Gespräch machen. Als Mittler sozusagen."

Der alte Montag sagt: „Ein Mittler ist immer gut. Es ist mir bewusst, Herr Stoll, dass Sie das damals waren. Der beste Mittler zwischen uns, den SS-Leuten, und den Zwangsarbeitern. Sie gehörten nicht zu uns, aber natürlich auch nicht zu den Gefangenen."

„Ich würde das ‚natürlich' anders setzen", sagt Hugo. „Ich gehörte nicht zu den Gefangenen, aber *natürlich* auch nicht zu den Nazis. Selbstverständlich nicht."

„Nein", bestätigt Horst Montag.

Dann schweigen sie wieder.

Endlich fährt der ehemalige SS-Mann fort: „Es hat lange gedauert, bis ich zur Einsicht kam, dass ich falschlag. Dazu haben natürlich all die Berichte über die Naziherrschaft beigetragen, und der Wandel im öffentlichen Bewusstsein. Dann hat es noch mal lange gedauert, bis ich erkannte, dass ich nicht nur einem Irrtum aufgesessen war, sondern wirklich Schuld auf mich geladen hatte. Und dann brauchte es einige Zeit, bis ich den Mut fand, mich dem zu stellen. Leider kann ich mittlerweile die meisten, denen ich damals Unrecht getan habe, nicht mehr um Entschuldigung bitten, weil sie nicht mehr leben oder unauffindbar sind. Aber ich hatte den Eindruck, dass ich ... ja, dass ich es mir selber schuldig bin, noch einmal an den Ort meines damaligen Unrechts zurückzukehren. Dem Verdrängen ein Ende zu machen."

„Das ist löblich", sagt Hugo und sieht Horst Montag nachdenklich an. „Aber bei mir müssen Sie sich nicht entschuldigen. Ich war frei und konnte einer anspruchsvollen Arbeit nachgehen, wenn es auch im Tunnel nicht so angenehm war wie in einer richtigen Werkstatt. Und natürlich war das Schicksal der Zwangsarbeiter, das ich hautnah miterleben musste, eine Last für mich."

Wieder wird es still und jeder hängt seinen Gedanken nach.

Dann ergreift Jens das Wort. „Ich weiß nicht, ob Sie es mitbekommen haben, Herr Stoll – ein junger Pole ist hier nach Erlbruch gekommen, dessen Großvater damals im Tunnel gearbeitet hat. Er ist als Erntehelfer in der Pfalz und hat den freien Sonntag für einen Ausflug hierher genutzt. Er wollte sich den Ort ansehen, von dem sein inzwischen verstorbener Großvater so viel erzählt hat."

„Ach ja? Wie hieß denn der Großvater?"

„Den Nachnamen weiß ich nicht. Mit Vornamen hieß er Nikolai."

„Ach, der Nikolai! Wir haben uns sowieso alle nur beim Vornamen genannt. Der Nikolai! Ich hatte ihn gern."

„Sein Enkel hat gestern den Tunnel besichtigt. Er hat sich mit nicht ganz legalen Mitteln Zugang verschafft.

Dabei gab es leider einen Unfall. Jetzt hat er eine Gehirnerschütterung und muss liegen, sagt der Arzt. Wir haben ihm ein Zimmer im Hotel der Theißens gebucht."

„Im Hotel? Kann er sich das denn leisten?"

„Opa bezahlt das."

Hugo nickt verstehend. „Ich würde gern mal mit dem jungen Mann reden."

„Das wäre problematisch", fährt Jens fort, „denn Tomasz versteht kein Wort Deutsch. Eine ältere Polin, die übersetzen konnte, hat ihn hergebracht. Aber die musste wieder zurückfahren. Sie muss ja arbeiten. Sie kennen sicher auch niemanden, der übersetzen könnte?"

„Nein." Hugo Stoll schüttelt den Kopf. „Ich habe mir damals bloß ein paar einzelne Worte beigebracht. Aber das reicht nicht. Das meiste ist sowieso vergessen." Dann blickt er plötzlich auf. „Höchstens Jakob!"

„Jakob? Wer ist das? Den Namen hat Tomasz genannt, als er versucht hat, mir etwas auf Polnisch zu sagen."

„Jakob – einen Moment!" Hugo steht auf, geht an eine Kommode und nimmt aus einer Schublade einen Stapel Fotos. Die blättert er durch. Endlich findet er, was er gesucht hat. Lächelnd reicht er den beiden Besuchern das vergilbte Schwarz-Weiß-Foto.

„Aber das ist ja ein Kind!"

„Ja, das war Jahre vor der Arbeit im Tunnel. Wir waren Schulfreunde."

„Schulfreunde? Aber wie ..."

Hugo legt die anderen Bilder zurück und setzt sich wieder.

„Das ist eine längere Geschichte. Aber die kann er

Ihnen selbst erzählen. Er kann wohl auch etwas Polnisch."

Der alte Montag fragt aufgeregt: „Lebt er also noch? Haben Sie Kontakt zu ihm?"

„Ja, wir telefonieren gelegentlich. Als wir das letzte Mal miteinander sprachen, ging es ihm gut. Er lebt in einem Altenheim in Gräfenbach, das sind so gut zwanzig Kilometer von hier."

„Kann ich ihn dort besuchen?", fragt Horst. „Jens würde mich hinfahren."

„Vielleicht können Sie ihn auch herholen. Ich könnte mir denken, dass er gern mit Nikolais Enkel sprechen würde. Und der vielleicht auch mit ihm, wenn er schon seinen Namen erwähnt hat."

„Das wäre großartig!"

„Ich habe seine Telefonnummer. Soll ich ihn mal anrufen?"

Horst und sein Enkel sehen sich an. „Ja, bitte!", antwortet der Ältere. „Aber sagen Sie bitte nichts von mir. Ich möchte ihm in die Augen sehen, wenn ich ihm gegenübertrete. Wenn er erfährt, dass ein ehemaliger Wachmann hier ist, kommt er vielleicht nicht."

Hugo nickt. „Okay, das ist Ihre Sache, was Sie mit ihm vorhaben. Aber er kommt bestimmt gern, wenn er erfährt, dass ein Enkel von Nikolai zu Besuch in Erlbruch ist."

Hugo zieht das altmodische Telefon zu sich heran. Dann blättert er in einem Adressbüchlein, das daneben liegt.

„Haben Sie morgen Zeit?"

„Ja, jederzeit in dieser Woche. Und je eher, desto besser."

Während Horst noch spricht, wählt Hugo schon die Telefonnummer. Es läutet kurz, dann steht die Verbindung.

„Hallo Jakob. Hugo hier … Bist du noch wohlauf …?"

Am anderen Ende wird eine kurze Antwort gegeben. Dann spricht Hugo weiter: „Ja, das kann man so sagen. Der Anlass ist ein besonderer Besuch. Kannst du dich noch an Nikolai erinnern, der damals im Tunnel neben dir –? Genau … Ja, er ist gestorben, aber sein Enkel ist gerade hier. Der möchte gerne den Ort sehen, von dem sein Großvater so viel erzählt hat. Und sicher auch Menschen sprechen, die Nikolai kannten … Das dachte ich mir … Das ist kein Problem. Hier ist ein junger Mann, der würde dich abholen … Das erfährst du dann. Wie wäre es morgen Vormittag? So gegen – Okay, gegen halb zehn. Ich lade dich zum Mittagessen ein. Also melde dich ab in deinem Altenheim! Ich freue mich! Also, bis dann."

Hugo legt auf.

„Er kommt gern. Na ja, erst hat er etwas gezögert. Er ist ja auch schon ein alter Mann. Und auch, weil sein Verhältnis zu Erlbruch etwas … Na ja, das kann er Ihnen selbst erklären. Ich mache Ihnen eine Zeichnung, junger Mann, damit Sie das Altenheim finden." Er nimmt einen Stift und einen alten Briefumschlag, aus dem er eine unbeschriebene Stelle herausreißt.

„Vielen Dank, Herr Stoll, das ist hilfreich", sagt Jens. „Mein Opa und ich sind eigentlich Technikfreaks und hätten gerne eins dieser modernen Navigationsgeräte, die einem den Weg weisen – aber da müssen wir noch etwas sparen. 7000 DM sind uns einfach zu viel."

„Wie bitte? Navigationsgeräte? Davon habe ich noch nie gehört. Aber ich bekomme ja auch nicht mehr alles mit. Also, ich zeichne Ihnen dann den Weg auf."

Bevor Hugo allerdings dazu kommt, klingelt das Telefon.

„Stoll? Ach du, Konrad ... Ja, das war doch klar. Ich habe deinem Jungen neulich abgesagt. Hat er es nicht weitergegeben? ... Na, wie die Kinder so sind. Es wäre jetzt sowieso zu spät. Es sind ja nur noch sechs Tage. Aber danke für deine grundsätzliche Bereitschaft! Gut, wir sehen uns dann am Sonntag. Bis dann!"

Hugo legt auf und wendet sich dann an seine zwei Besucher. „Entschuldigen Sie! Das war ein Bekannter aus dem Nachbardorf. Ich hatte ihn gebeten, mir seinen Traktor mit Anhänger auszuleihen. Ich wollte gerne für den Festzug beim Heimatfest am Sonntag einen Wagen gestalten, der an diese Zeit mit den Zwangsarbeitern erinnert. Aber daraus wird nun nichts."

„Warum nicht?", fragt Horst. „Ich fände das eine gute Idee."

Hugo zuckt betrübt mit den Schultern. „Sie wollen das nicht. Sie sagen, das soll ein fröhliches Heimatfest sein, da will niemand an dieses dunkle Kapitel erinnert werden."

Horst Montag wirkt aufgebracht. „Aber es gehört doch zur Geschichte des Ortes! Es geht mich ja nichts an, weil ich hier nur kurzzeitiger Gast bin. Jetzt jedenfalls – damals war ich fast drei Jahre hier. Aber ich finde –"

„Es gab auch im Festkomitee einen oder zwei, die meine Initiative begrüßt haben. Das wurde mir zugetragen. Aber die Mehrheit war dagegen. Vor allem der Vorsitzende, unser Ortsvorsteher. Und wenn der Paul Ackermann etwas nicht will, dann wird es auch nichts. Er ist gut darin, immer seinen Willen durchzudrücken."

Der alte Montag sieht Hugo prüfend an. „Sie scheinen ihn nicht sehr zu schätzen."

„Er ist so ein Typ Rasensprenger."

„Rasensprenger?"

„Dreht sich immer um sich selbst, und rundum steht alles im Regen." Hugo grinst halbherzig und seine zwei Besucher lachen laut auf. Hektor lacht zwar nicht, aber er wedelt fröhlich mit dem Schwanz. Er scheint zu spüren, dass sich die Anspannung der drei gelegt hat.

„Wir wollen Sie dann nicht länger aufhalten, Herr Stoll", sagt Horst Montag und wendet sich Richtung Tür. „Mein Enkel holt dann den besagten Jakob … – wie heißt er?"

Jens hält ihm den Zettel hin. Aber die Schrift ist zu klein, sodass Horst sie nicht lesen kann.

„Rosenfeld", sagen Hugo und Jens wie aus einem Mund.

„Rosenfeld?", fragt Horst. „Ist das denn ein jüdischer Name?"

„Ja."

„Aber wie hat er dann … Ist er nicht …?"

„Haben Sie Geduld", antwortet Hugo. „Er wird Ihnen alles erzählen."

*

„Hallo, Tomasz, hat es dir geschmeckt?“, fragt Jens, obwohl er weiß, dass der Pole ihn nicht verstehen und erst recht nicht antworten kann. Er zeigt auf das Geschirr, das auf einem kleinen Tischchen steht. Tomasz’ Antwort besteht aus einem Lächeln.

Der offene Blick des jungen Mannes im Bett ermuntert Jens, weiterzureden.

„Weißt du, es ist schon ein komisches Gefühl. Mein Opa hat deinen Opa in den Tunnel geschickt, und wir beide sitzen hier in Frieden zusammen.“

Er stellt Teller, Untertasse und Tasse aufeinander.

„Ja, ich weiß, du verstehst mich nicht. Ich rede eigentlich auch nur für mich, um einen klaren Kopf zu bekommen.“ Und nach einer Pause murmelt er weiter: „Kann man nach so etwas noch mal ganz neu anfangen?“

Es klopft und Lena kommt herein.

„Na, hat es geschmeckt?“ Sie will offenbar das Geschirr abräumen, blickt Tomasz freundlich an und plaudert drauflos. „Es ist langweilig, so liegen zu müssen, nicht wahr? Aber wenn es dich tröstet: Es regnet draußen. Aber das siehst du ja selbst. Da macht es nichts, dass du mich nicht verstehst. Nun ja, ich rede nicht für dich, eher für mich.“

„Das habe ich auch gerade gesagt“, sagt Jens. Da er hinter der offenen Tür sitzt, konnte Lena ihn bisher nicht sehen und schrickt jetzt ein wenig zusammen.

„Jens! Du hast mich erschreckt!“

„O – das tut mir leid.“

„Schon gut! Es stört ja nicht, dass du da bist.“

„Ist das ein Kompliment?“ Jens grinst jetzt und auch Lena muss lächeln.

„Muss ich das extra dazusagen?“

Er sieht sie schelmisch an und steht von seinem Stuhl auf. „Ich weiß, jetzt ist es an mir, das Kompliment zu erwidern. Aber wie? Wenn ich dir sagen würde, du sähest in deinem rot-weiß gestreiften Pullover wie ein Leuchtturm aus, würdest du das wahrscheinlich nicht unbedingt als Kompliment empfinden.“

„Nein, wohl kaum.“

Jens lacht. „Aber ganz falsch wäre es nicht. Denn es wird alles irgendwie heller, wenn du da bist. Würdest du das als Kompliment akzeptieren?“

Lena sieht kurz verlegen aus, schaut ihn dann aber herausfordernd an. „Ein Kompliment, soso. Und hier ist jetzt die Stelle, wo ich rot werden müsste, nicht wahr?“

Jens zuckt mit den Schultern und hält ihrem Blick stand. „Musst du nicht. Ich bin doch sicher nicht der Erste, der das feststellt.“

Tomasz stößt ein Grunzen aus, sagt dann einige polnische Wörter und wedelt dabei lächelnd mit dem Zeigefinger.

„Ich muss das in die Küche bringen.“ Lena hebt das Geschirr an und wendet sich zur Tür. Ein wenig rot ist sie jetzt doch.

„Hast du denn noch nicht Feierabend?“

„Doch. Frau Theißen ist in der Küche. Ich wollte nur die Versorgung unseres Ehrengastes abschließen.“

Jens ergreift die Gelegenheit beim Schopfe. „Hättest

du nicht Lust, mit mir ein paar Schritte an der frischen Luft zu machen? So als Krönung deines Feierabends?"

„Das geht nicht. Es regnet."

„Nicht mehr." Jens reißt das Fenster auf.

„Aber es ist nass draußen." Ihr Tonfall klingt bedauernd.

„Na und?"

„Im Wald würde uns das Wasser von den Bäumen in den Nacken tropfen. Und auf den Wegen würden wir dauernd auf Regenwürmer treten."

„Hm", brummt Jens und fährt sich nachdenklich durch die Haare. „Was machen wir denn da?"

„Ich habe eine Idee, wie wir das Problem lösen könnten."

„Ach ja? Wie denn?"

„Das Gasthaus besitzt ein kleines Ruderboot. Damit könnten wir auf den See hinausfahren. Da gibt's weder tropfende Bäume noch irgendwelche glitschigen Regenwürmer."

„Okay, tolle Idee! Tomasz, wir müssen dich jetzt leider alleine lassen."

Der ruft ihnen noch einige Sätze hinterher, die am Ton nicht erkennen lassen, ob sie eine freundliche Verabschiedung oder eine Ermahnung sind. Vielleicht beides.

Es ist schon leicht dämmrig, als die beiden zum Ruderboot kommen. Es ist mittelgroß und bietet auf zwei Ruderbänken vier Personen Platz. Jens steigt ein und ergreift die Riemen, während Lena das Tau löst und ihm folgt.

Langsam rudert Jens auf den See hinaus.

„Du kannst das ja, als hättest du schon im olympischen Doppelvierer gerudert."

Er lächelt schweigend und sieht dabei das Mädchen an, das ihm gegenübersitzt.

Nach einer Weile sagt Lena: „Schön, nicht?"

Er nickt.

Nach einigen weiteren Ruderschlägen meint sie: „Du bist so schweigsam."

„Du ja auch. Ich genieße."

Dem widerspricht sie nicht, sondern lächelt nur still.

„Ganz ehrlich, Lena", sagt Jens und stellt das Rudern ein, „als ich noch kein Christ war, vor wenigen Wochen, hätte ich nicht lange überlegt, was ich mit einem Mädchen irgendwo alleine gemacht hätte. Aber das sieht jetzt anders aus."

„Was hättest du denn gemacht?"

Jens reibt sich verlegen den Hals. „Das kannst du dir doch sicher denken. Aber jetzt bin ich irgendwie unsicher. Ich bin ja nun als Christ ... wie soll ich sagen ... mit meinem Handeln vor Gott verantwortlich. Da habe ich nun noch keine Erfahrung, wie ich ..." Er macht eine Handbewegung, die deutlich machen soll, dass er den Satz nicht richtig zu vollenden weiß.

„Mein Bruder hat mir erzählt, dass du erst seit Kurzem Christ bist."

„Ja, stimmt."

„Ich verstehe das, weil ich auch Christin bin. Meine Mutter ist oft mit uns in eine christliche Gemeinde gegangen. Damals in Frankfurt, wo ich herkomme. Mein Vater ist leider durch einen Unfall ums Leben gekommen, als ich noch ganz klein war. Und Mutter starb dann auch vor ein paar Jahren an Krebs. Als Alex Pia kennenlernte und hierher in die Provinz zog, in das Haus, das sie geerbt hat, da wollte ich nicht allein in Frankfurt bleiben und habe die Stelle hier bei Theißen angenommen." Lena hält inne, als realisiere sie etwas. „Jetzt habe ich so viel von mir erzählt, dabei hatten wir ja eigentlich über dich gesprochen."

Jens grinst. „Ist schon okay. Erstens redet jeder ja gerne mal von sich, wenn er nicht gerade eine Leiche im Keller hat, und zweitens interessiert mich alles brennend, was mit dir zu tun hat."

„Dann erzähle jetzt von dir! Oder hast du eine Leiche im Keller?" Sie lächelt, aber Jens gibt ihr eine ernsthafte Antwort.

„Ich stehe kurz davor, Physik zu studieren. Ich habe noch zwei kleine Schwestern und eine Mutter."

„Und einen Opa."

„Und einen Opa", bestätigt er.

„Und was bist du sonst so für ein Typ? Ich meine, abgesehen von deinem jungen Glauben."

„Ach – ich will mich nicht selbst beurteilen. Am besten, du bildest dir selbst ein Urteil, indem du ganz viel Zeit mit mir verbringst." Jetzt grinst er wieder und zwinkert ihr zu.

Aber Lena lässt nicht locker. „Bitte, Jens!"

Er nickt. „Na ja, ich interessiere mich für Technik und sehe die Dinge eher nüchtern. Aber ich kann auch ganz schön grüblerisch sein. Manchmal bin ich gern der einzige Mensch auf einem Quadratkilometer. Es sei denn –"

„Ich könnte über Bord springen und zum Ufer schwimmen. Würde ich dir damit einen Gefallen tun?" Lena tut so, als wolle sie zu einem Sprung ansetzen, und Jens hält sie lachend zurück.

„… ich war gerade dabei zu sagen: Es sei denn, ein sympathischer Mensch ist bei mir, so wie du."

Sie lächelt.

„Ein liebenswürdiger, sympathischer Mensch", ergänzt er noch. Dann rudert er etwas weiter, holt aber bald die Riemen ein und legt sie ins Boot. Es ist dunkel geworden. Die Wolken haben sich verzogen und Sterne sind zu sehen.

Beide legen den Kopf zurück und schauen in den Nachthimmel. Lena sagt: „Ich empfinde immer so eine Art … andächtiges Staunen, wenn ich in den Sternenhimmel schaue."

„Ja, ich weiß, was du meinst. Und ich glaube, dass das alles von Gott geschaffen worden ist", murmelt er. „Wenn man anfängt, der Bibel zu glauben, gehört das wohl dazu. Aber dann muss ich an all das denken, was ich über Astronomie gelernt habe. Ich sehe nicht das Werk eines Schöpfers, sondern ich denke an schwarze Löcher und Milliarden Galaxien, an Lichtgeschwindigkeit und Gravitationskräfte und das Raum-Zeit-Kontinuum."

Sie steht auf und kommt – vorsichtig, damit das Boot nicht zu sehr schwankt – herüber und setzt sich neben ihn.

„Ich hab mal einen schönen Spruch gehört: Unsere Erde ist im großen Murmelspiel des Universums Gottes Lieblingskugel."

Er nickt. „Das ist ein guter Spruch."

Nach einer Weile sagt sie: „Mir tut das Genick weh."

Jens zögert einen Moment und legt dann fürsorglich den Arm um sie: „Lehn ruhig deinen Kopf an meine Schulter."

Das tut sie und kann so viel besser in den Himmel sehen.

Schweigend schauen sie und genießen – den Abend, die Stille und die Sterne.

Endlich nimmt Jens den Riemen steuerbord und Lena den auf der Backbordseite und sie rudern zurück. Es fällt ihnen nicht schwer, einen gemeinsamen Takt zu finden.

7

Dienstag, 7. Juli 1992

„Das ist aber schön, dass Sie Herrn Rosenfeld besuchen wollen“, sagt die freundliche Frau am Empfang des Altenheims. „Er ist immer allein, und ich habe den Eindruck, er leidet darunter. Gehen Sie nur hin, Zimmer 123. Dort in der Ecke ist der Aufzug.“

„Danke!“ Jens nimmt aber die Treppe.

Er klopft, und auf das „Ja, bitte!“ tritt er ins Zimmer. „Guten Morgen, Herr Rosenfeld.“

Der alte Mann sitzt in einem Sessel und schaut erwartungsvoll, aber auch etwas misstrauisch seinem Besucher entgegen.

„Guten Morgen, Herr … Entschuldigen Sie, ich habe den Namen vergessen, den mir Hugo am Telefon nannte.“

„Wenn ich mich richtig erinnere, hat er gar keinen Namen genannt. Ich bin Jens Montag.“

„Herr Montag. Es ist schön, dass Sie mich fahren wollen. Wollen wir gleich …?“

„Ja. Kann ich Ihnen helfen?“

„Wenn Sie mir meinen Mantel aus dem Schrank … Oder brauche ich keinen? Ist es warm draußen?“

„So um die zwanzig Grad. Sie brauchen sicher keinen Mantel. Kann ich –“

„Lassen Sie nur!“ Der Alte stemmt sich aus dem Sessel

hoch. „Das geht noch. Und was ich alleine kann, das will ich auch alleine bewältigen."

Langsam verlassen sie das Zimmer und fahren mit dem Aufzug hinunter. Die Frau am Eingang blickt von ihren Papieren auf und nickt ihnen freundlich zu. Jens öffnet die Beifahrertür seines Wagens – genau genommen ist es der seines Großvaters – und hilft Herrn Rosenfeld hinein. Kurz darauf fahren sie auf einer frisch asphaltierten Landstraße zwischen sonnenbeschienenen Äckern und Wiesen.

Herr Rosenfeld kommt schnell zur Sache. „Sagen Sie, Herr Montag, was haben Sie mit Hugo Stoll zu tun? Und vor allem mit der alten Geschichte im Tunnel? Hugo sagte, dass da jemand sei, der über das alles mit mir sprechen wolle."

„Ich habe damit eigentlich nichts zu tun. Bin nur zufällig damit in Berührung gekommen. Da ist aber ein junger Pole, der zurzeit als Erntehelfer in Deutschland ist. Er ist der Enkel von einem der Zwangsarbeiter."

„Nikolai." Jakob Rosenfeld spricht so leise, dass seine Stimme fast im Motorengeräusch untergeht.

„Ja. Der lebt nicht mehr. Aber er hat seinem Enkel so viel von damals erzählt, dass dieser jetzt die Gelegenheit nutzen wollte, sich den Tunnel anzusehen. Der Tunneleingang war wohl die ganze Zeit verschlossen. Aber es gibt jetzt Überlegungen, die Bahnstrecke einschließlich des Tunnels wieder in Betrieb zu nehmen. Durch unglückliche Umstände ist Tomasz, der junge Pole, in dem Tunnel eingeschlossen gewesen, für ein paar Stunden. Dabei ist er im Dunkeln gestürzt und hat sich eine Gehirnerschütterung zugezogen. Darum ist er jetzt nicht wieder bei seiner Arbeit, sondern hütet das Bett in dem Gasthaus, in dem auch ich mit meinem Großvater wohne."

„Nikolai! Er war ein guter Freund in schwerer Zeit. Ich freue mich, wenn ich seinen Enkel sehen kann."

„Der spricht allerdings kein Wort Deutsch."

„Schade. Nun, ein paar Brocken Polnisch kann ich vielleicht noch. Nikolai und ich haben damals versucht, uns gegenseitig etwas von unserer jeweiligen Sprache beizubringen."

Jens überlegt, wie er das Gespräch behutsam auf das Thema lenken kann, das noch besprochen werden muss. Sein Großvater hat ihn gebeten, Herrn Rosenfeld schon mal auf die Begegnung mit einem ehemaligen Bewacher vorzubereiten. Jens' Frage, ob er nicht lieber im Hintergrund bleiben wolle, lehnte er entschieden ab. Nein, er wolle sich dem stellen, was damals war. Dazu sei er ja gekommen.

„Herr Rosenfeld, es gibt noch eine Verbindung von mir zu dem Geschehen von damals."

„Ja?" Der Alte sieht Jens fragend an, aber der blickt nur auf die Straße.

„Mein Großvater gehörte damals zur Wachmannschaft."

„Ach ..."

„Er ist auch in Erlbruch. Nicht zufällig. Er will ... ja, was will er? Sich seiner Vergangenheit stellen und wenn möglich Versöhnung suchen, wenn er noch Menschen trifft, die damals unter ihm gelitten haben."

Jakob Rosenfeld sagt nichts, schaut nur aus dem rechten Seitenfenster, als wären die vorüberziehenden Felder ein faszinierender Anblick.

Endlich fragt er: „Wie heißt er, Ihr Großvater?"

„Horst Montag."

Wieder schweigen beide.

„Es gibt da sicher manchen Gesprächsbedarf", sagt Jens. „Aber das ist nicht meine Aufgabe. Das muss ich meinem Großvater überlassen."

Der alte Mann nickt.

Nach einer Weile nimmt er den Gesprächsfaden wieder auf. „Ich sage Ihnen jetzt etwas, das Sie vielleicht nicht verstehen werden. Ihnen kann ich das sagen, weil Sie mit der ganzen Sache nichts zu tun haben. Natürlich war ich damals voller Zorn. Etwas davon, ein kleiner Rest, ist auch nach so vielen Jahren noch in mir. Aber es gibt etwas, das mich noch mehr verbittert hat als die Zeit im Tunnel – bis heute."

Jens fragt nicht in die Pause hinein, sieht nur kurz den alten Mann an, um deutlich zu machen, dass er aufmerksam zuhört.

„Als alles vorbei war, da hätten sie mich in Erlbruch doch wieder aufnehmen müssen. Ich war doch einer von ihnen. Ich war dort in die Schule gegangen, habe mit den Kindern des Dorfes gespielt. Erst recht, wo nun eine neue Zeit angebrochen war, wo allen aus Presse und Rundfunk deutlich sein musste, welches Unrecht den Juden angetan worden war, da hätten sie mir doch die Hand reichen müssen. Wären sie auf mich zugekommen, hätte ich ihnen nichts nachgetragen. Aber sie haben getan, als hätten wir uns nie gekannt. Sie haben mir die kalte Schulter gezeigt."

Jens weiß nicht, was er darauf sagen soll. So fragt er nur: „Immer noch Antisemitismus?"

„Nein." Rosenfeld schüttelt den Kopf. „Ich glaube nicht."

„Dann war es wohl … das schlechte Gewissen?"

Der Alte nickt. „Das wird es wohl gewesen sein."

„Also sind Sie fortgezogen?"

„Ja. Ich konnte nicht dort bleiben. Bin auch nie wieder nach Erlbruch gekommen. Nur mit Hugo hatte ich all die Jahre Kontakt. Heute ist es das erste Mal nach fast fünfzig Jahren, dass ich den Ort wiedersehe."

„Vielleicht hatten die Leute auch Angst, sie müssten wieder abgeben, was sie sich unter den Nagel gerissen hatten."

„Hugo hat Ihnen wohl schon einiges erzählt?"

„Ja, und es tut mir alles so leid." Sie fahren jetzt über den letzten Hügel vor dem Dorf. Am Fuß des Hügels können sie Erlbruch bereits erkennen.

„Bleiben Sie bitte mal kurz stehen?"

Jens fährt an den Rand und hält an. Der alte Mann lässt seinen Blick über das Dorf schweifen und seufzt tief.

„Es hat sich bestimmt vieles verändert, nicht wahr?", fragt Jens.

„Ja. Viele neue Häuser. Aber ob das auch für die Menschen gilt?"

„Menschen ändern sich wohl nicht so leicht wie ein Ortsbild, fürchte ich. Ihr Wesen, ihre Einstellungen …"

Rosenfeld schaut ihn an. „Eine weise Erkenntnis für einen so jungen Mann. Woher haben Sie die?"

„Gott hat angefangen, mich zu verändern. Und ich habe den Eindruck, er hat ziemliche Mühe damit."

Der Alte sieht ihn eine Weile schweigend an, dann nickt er leicht, sieht wieder nach vorn und sagt: „Fahren wir!"

*

Jannik und sein Bruder Louis, der zur Jungschar gehört, schlendern zusammen durchs Dorf. Sie kommen am Haus von Hugo Stoll vorbei.

„Hier hat Leon den Propeller her", sagt Louis. „Ein tolles Ding! Er hat ihn an die Wand in seinem Zimmer gemacht. Sieht prima aus!"

„Ich weiß. Darum war ich gestern hier und hab gefragt, ob er noch einen hat."

„Hatte er aber nicht, oder?"

„Weiß nicht, ob er noch einen hatte. Er wollte mir jedenfalls keinen geben."

„Dann wird er sicher auch keinen mehr gehabt haben."

In Jannik steigt bei der Erinnerung an die gestrige Begegnung Ärger auf, der sich noch steigert, weil sein Bruder den Mann offenbar noch verteidigt. „Er hat mich kühl abblitzen lassen, dieser blöde alte Knacker!"

Er braucht etwas, um seinen Ärger abzureagieren. Da kommt es ihm gerade recht, dass Hektor, Stolls Schäferhund, über den Hof trabt. Hinter einem sicheren Lattenzaun. Jannik hebt einen Stein auf und wirft ihn nach dem Tier. Trifft sogar. Hektor jault auf, bellt und kommt an den Zaun gesprungen.

„Warum machst du das?“, fragt Louis. „Der Hund hat dir doch nichts getan!“

Aber Jannik sucht nach einem zweiten Stein. Wäre ja noch schöner, wenn er auf seinen kleinen Bruder hören würde! Er wirft erneut. Hektor bellt wütend und springt am Zaun hoch.

„Hör doch auf, Jannik!“

In Stolls Haus wird ein Fenster aufgerissen. Louis rennt weg. Jannik geht bewusst langsam hinterher.

8

Jens klopft an Tomasz' Hotelzimmertür, öffnet und lässt Herrn Rosenfeld den Vortritt. Tomasz liegt im Bett und hat die Augen geschlossen. Jetzt öffnet er sie und schaut den beiden Männern entgegen.

„Hallo, Tomasz! Das ist Jakob Rosenfeld." Dann wendet er sich an den alten Mann. „Und das ist Tomasz, Nikolais Enkel."

Etwas zögernd geht Rosenfeld auf den jungen Polen zu. Der richtet sich auf und sagt ein paar Worte auf Polnisch. Sein Besucher reicht ihm die Hand und versucht sich auch in dieser Sprache. Jens merkt, dass es ihm schwerfällt. Als sie sich mit Handschlag begrüßt haben und Jakob Rosenfeld seine Hand wieder frei hat, benutzt er sie, um damit allerlei Bewegungen und Zeichen zu machen, die die fehlenden Vokabeln ersetzen sollen.

„Ich lasse euch dann mal allein", sagt Jens, und geht hinaus.

Unten trifft er seinen Großvater, der gerade aus der Küche kommt.

„Ah – Jens! Hast du ihn mitgebracht, den Herrn Rosenfeld?"

„Ja, er ist bei Tomasz oben. Sie versuchen sich zu unterhalten. Und du? Hast du dich als Tellerwäscher betätigt?"

„Das geht leider nicht, weil ich nicht so lange stehen kann." Horst Montag lächelt gezwungen. „Hast du … hat er … habt ihr über mich gesprochen?"

„Ja."

„Komm, wir setzen uns ein bisschen in den Garten und reden."

„Okay, gute Idee."

„Ich war in der Küche, um letzte Einzelheiten wegen des Mittagessens zu besprechen. Fünf Personen habe ich angemeldet. Jakob Rosenfeld, Hugo Stoll, Tomasz, wenn er kann, und wir beide. Ich möchte, dass es ein richtiges Festessen wird, mit Vorspeise und Nachtisch. Das ist es mir wert. Es ist für halb eins bestellt."

„Hast du bedacht, dass Rosenfeld Jude ist und vielleicht nicht alles isst?", fragt Jens.

„O – daran habe ich nicht gedacht. Ich gehe schnell und –"

„Andererseits hält er sich vielleicht auch gar nicht an die Speisevorschriften, sonst müsste er ja im Altenheim auch immer was Koscheres bekommen."

Herr Montag nickt, während sie zusammen hinausgehen. „Gut, ich kläre das später. Herr Theißen kann sich sicher darauf einstellen. Aber ich will jetzt nicht zu Rosenfeld raufgehen und ihn fragen. Wir sollten die beiden jetzt nicht stören."

Jens schaut seinen Opa von der Seite an. Ob er die Begegnung mit dem früheren Gefangenen vielleicht auch einfach etwas hinausschieben will?

Sie setzen sich auf die Terrasse.

Der Himmel ist wieder blau, nur einige weiße Wölkchen treiben schnell darüber. Da oben muss ein starker Wind wehen, hier unten spürt man allerdings nicht viel davon. Das Wasser des Sees ist nur leicht gekräuselt.

„Und?“, fragt Horst.

„Was und?“

„Wie hat Rosenfeld reagiert, als du ihm sagtest, dass einer seiner ehemaligen Wächter ihm entgegentreten wird?“

„Hm – wie hat er reagiert? Mit Worten eigentlich gar nicht.“ Er steht auf, verschiebt seinen Stuhl etwas, damit der nicht wackelt, und setzt sich wieder. „Er hat sogar gesagt, dass ihm etwas anderes mehr zu schaffen mache als die Zeit im Tunnel.“

„Nämlich?“ Bei Horst Montag mischen sich Erleichterung und Neugier.

„Dass ihn die Dorfbewohner hier nach dem Krieg mit Missachtung gestraft haben. Er hat wohl gedacht, sie müssten ihm mit umso mehr Freundlichkeit entgegenkommen. Weil sie doch an seinem Elend mit schuld waren. Aber nichts davon. Sie sind ihm so kühl begegnet, dass er weggezogen ist.“

„Das schlechte Gewissen.“

„Habe ich auch gesagt.“

Horst Montag murmelt: „Ein schlechtes Gewissen habe ich auch.“

„Aber du gehst anders damit um.“

Sein Großvater nickt und starrt vor sich auf den Terrassenboden. In der Ferne quakt ein Frosch. Schwalben fliegen über das Wasser auf der Suche nach Mücken. Jens beobachtet, wie ein schwarzer Fleck, der Schatten einer kleinen Wolke, zunächst die helle Felswand verdunkelt und dann von West nach Ost über den See wandert. Ihr Sitzplatz bleibt im Sonnenlicht.

„Erinnerst du dich an unser Gespräch am Samstag? Bei unserem ersten Frühstück?"

„Was meinst du?", fragt Jens, obwohl er es sich denken kann.

„Wir sprachen davon, dass jeder von uns sein Geheimnis hat."

„Stimmt."

„Mein Geheimnis kennst du inzwischen. Ich habe kaum etwas verraten, du bist von selbst draufgekommen. Wobei es noch Einzelheiten in dem Geheimnis gibt, die nicht einmal ich selbst kenne. Zum Beispiel ist zwar klar, dass ich wegen meiner Vergangenheit hergekommen bin. Aber was ich nun hier konkret tun soll, darüber habe ich mir vorher wenig Gedanken gemacht. Nur dass ich nicht weiter alles verdrängen will."

„Das ist doch schon mal ein guter Schritt." Jens hält inne und grinst dann. „Jetzt klinge ich schon wie mein eigener Opa, was?"

„Ein bisschen." Horst Montag lacht. „Aber ...", jetzt klopft er auf die Seitentasche seiner Jacke. „Ach so – reine Gewohnheit, wenn ich nervös bin. Ich wollte eine Zigarette anstecken. Habe ganz vergessen, dass ich das Rauchen aufgegeben habe. Habe extra nichts mitgenommen."

Jens lächelt verständnisvoll und fragt dann nach: „Aber...? Du wolltest etwas sagen."

„Ach ja. Wenn ich mich richtig erinnere, hatten wir ja beschlossen, dass wir uns gegenseitig in unsere Geheimnisse einweihen wollten. Nachdem du nun meins kennst, solltest du mir sagen, warum du in den letzten Tagen und Wochen so anders geworden bist."

Jens schluckt. Natürlich weiß er, dass es jetzt an der Zeit ist, mit der Sprache rauszurücken. Er will ja auch. Aber irgendwie hat er auch Angst, dass sein atheistisch und wissenschaftlich denkender Großvater seinen Glauben mit überzeugenden Argumenten zerpflückt. Oder dass er, falls das nicht gelingt, sich von ihm distanziert. Und das würde ihn schmerzen.

Dennoch holt er jetzt tief Luft und sagt: „Ich bin Christ geworden."

Der alte Mann sieht ihn mit ausdruckslosem Gesicht an, wendet sich dann wortlos ab und schaut über das Wasser. Endlich murmelt er: „Hab mir fast so was Ähnliches gedacht."

Jens antwortet nicht, und nach einer Weile sagt sein Großvater: „Natürlich muss ich das respektieren. Könnte es wahrscheinlich sowieso nicht ändern. Aber verstehen kann ich es nicht. Ein intelligenter Mensch wie du, der Physik studieren will!"

„Was hat das denn damit zu tun?"

„Fragst du das im Ernst? Ein kluger Mensch macht klare, wissenschaftlich nachprüfbare Erkenntnisse zur Grundlage seines Lebens."

„Es geht bei meinem Glauben auch um Erkenntnisse. Nur keine wissenschaftlichen."

Horst Montag schüttelt den Kopf. „Ach, Junge …"

„Was soll das denn heißen?"

Sein Opa nimmt die Brille ab, zieht ein Taschentuch hervor, haucht gegen das Glas und beginnt es zu putzen. Offenbar auch eine Verlegenheitshandlung, wenn er schon nichts zu rauchen hat. Dabei sagt er: „Erkenntnis, so wie ich das Wort verstehe, ist etwas, das man sieht oder hört oder sonst wie mit einem der fünf Sinne wahrnimmt. Was man logisch nachvollziehen und möglichst mit Experimenten untermauern kann. Auf welchem Weg bist du zu deiner Erkenntnis gekommen?"

Jens will nicht wie aus der Pistole geschossen antworten. Das würde weder dem Ernst der Sache gerecht werden, da es nach auswendig gelernten Parolen klänge, noch dem Respekt und der Zuneigung seinem Großvater gegenüber, da es besserwisserisch wirken könnte. Jens überlegt eine Weile und kommt dann zu dem Schluss, dass er es nicht anders sagen kann als schlicht und einfach: „Gott hat zu mir gesprochen."

„Hast du das gehört? Ich meine akustisch. Oder hast du es dir eingebildet?"

„Ich habe es weder akustisch gehört noch mir eingebildet. Ich habe es im übertragenen Sinn gehört. Es ist mir klar geworden, ohne dass einer der fünf Sinne daran beteiligt war."

„So etwas gibt's nicht."

„Wie kannst du das sagen, nur weil du selbst es nicht erlebt hast?!"

Wieder schüttelt der alte Mann nur den Kopf.

„Du denkst wissenschaftlich", fährt Jens fort, „und bist stolz darauf. Ist ja so weit auch gut. Aber du kannst damit nicht alles ausschließen, was sich wissenschaftlich nicht erklären lässt. Gestern Abend zum Beispiel haben wir … habe *ich* den Sternenhimmel bewundert. Nach dem Regen war die Luft so klar –"

„Wir? Wer war denn noch bei dir?"

„Ist doch egal …"

„Unsere hübsche Serviererin?", fragt Opa lächelnd.

„Ja – wenn du es unbedingt wissen willst."

„Es freut mich, dass du trotz deiner jüngsten Entwicklung noch mit beiden Beinen auf der Erde zu stehen scheinst."

Er schmunzelt, was Jens dankbar sieht, weil es seine nervöse Spannung etwas mildert. „Ich stand gar nicht auf der Erde. Ich war im Boot auf dem Wasser. Aber was ich sagen wollte: Früher haben die Menschen gedacht, sie wüssten alles. Zum Beispiel, dass die Sterne am Himmelsgewölbe hängen. Und dass die Erde der Mittelpunkt ist und sich alles um uns Menschen dreht. Dann kam ein neues Wissen: Die Sonne ist der Mittelpunkt und die Erde kreist darum. Vor Kopernikus und Kepler glaubte man, alles zu wissen. Dann kam neues Wissen dazu. Und dann hielt man den Raum für etwas Leeres, das im Grund gar nichts ist – nur durch seine Grenzen definiert, oder das, was sich Materielles darin befindet. Aber Einstein sah plötzlich etwas Neues: Der Raum oder die Raum-Zeit-Einheit ist selbst eine Größe im physikalischen Gefüge der Welt –"

„Das weiß ich doch alles selbst. Es ist aber nett, dass du dich um Beispiele aus meiner Welt der Physik bemühst …" Horst Montag sieht ihn gutmütig an.

„Was ich damit sagen will, ist –"

„Ich ahne, was du damit sagen willst", unterbricht ihn sein Großvater. „Man glaubt alles zu wissen, aber dann kann ein neuer Blick auf die Dinge alles verändern. So wäre es auch mit dem Glauben, willst du sagen. Du hast etwas Neues erkannt, das man bis dahin nicht gesehen hat.“

„Genau das meine ich.“

„Der Denkfehler dabei ist, dass alle neuen Erkenntnisse in der Wissenschaft den Regeln folgten, die ich eben genannt habe: Mit den Sinnen zu erkennen – logisch und nachprüfbar.“

„Es gibt aber eben auch neue Erkenntnisse, die diesen Regeln nicht folgen.“

„Gibt es nicht!“

„Doch.“ Jens ist mittlerweile vor Anspannung bis zur Kante seines Stuhls vorgerutscht. „Wenn du zum Beispiel von deinem Gewissen gedrängt wirst, dich deiner Vergangenheit hier in Erlbruch zu stellen – welcher der fünf Sinne hat dich dazu bewegt? Was ist daran folgerichtig?“ Aufgebracht schüttelt er den Kopf und lässt sich auf seinem Stuhl zurückfallen. „Ach, lass uns das Gespräch beenden! Vergiss, was ich gesagt habe!“

„Ich soll es vergessen? Warum? So schlecht war es doch gar nicht.“ Sein Großvater sieht ihn fragend an, aber Jens winkt ab. „Mir ist gerade wieder eingefallen, was mir erfahrene Christen gesagt haben: Ich soll nicht für meinen Glauben argumentieren. Das bringt nicht weiter. Ich soll einfach erzählen, was ich erlebt habe.“

Sie unterbrechen kurz, weil Herr Theißen über die Terrasse eilt, eine Kellertreppe hinuntergeht und mit einer Kiste voller Flaschen zurückkommt. Sie nicken sich zu.

Dann nimmt Horst Montag den Gesprächsfaden wieder auf.

„Gut, du willst nicht für deinen Glauben argumentieren. Aber wenn du sagst, Gott hat geredet – wie hast du das wahrgenommen? Gott ist nichts Fassbares, Konkretes …"

„Gott ist ganz konkret Mensch geworden."

„Gut, aber wenn das stimmt, dann ist es zweitausend Jahre her. Jesus ist längst nicht mehr da."

„Doch, ist er! Ach, jetzt diskutieren wir schon wieder. Ich bin ja noch nicht lange Christ und weiß nicht viel. Es gibt auch noch den Heiligen Geist, aber davon verstehe ich noch nicht genug. Vielleicht müssen wir später noch mal darüber reden, wenn ich etwas mehr –"

„Schon gut, Jens!" Jetzt schüttelt Horst Montag den Kopf. „Ich will weder von dir überredet werden noch dich überreden. Aber ich sehe, dass es dir ernst ist mit deinem Glauben, und das will ich akzeptieren. Und jetzt lass uns reingehen und mal schauen, ob Jakob Rosenfeld sein Gespräch mit Tomasz beendet hat."

*

„Komm mal mit!", sagt Jannik zu seinem Bruder Louis. „Ich will dir was zeigen."

„Was denn?"

„Du musst mir versprechen, niemandem etwas davon zu sagen!"

„Ach, ein Geheimnis?"

„Ja. Also hörst du? Niemandem! Papa und Mama nicht, deinen Freunden in der Jungschar nicht, Oma schon gar nicht, deinen Klassenkameraden …"

„Schon klar, ich hab's kapiert – einfach keinem."

„Kein Wort. Schwörst du es?"

Louis hebt die rechte Hand. „Ich schwöre."

„Gut, dann komm!"

Louis folgt seinem Bruder in den Garten. Im hinteren Teil steht ein kleines Holzhäuschen, in dem der Rasenmäher und allerlei Gartengeräte aufbewahrt werden. Jannik steigt über eine Schlauchrolle und wuchtet einen Sack „Blaukorn"-Dünger beiseite. Louis muss sich zur Seite beugen, um an seinem Bruder vorbeizusehen, was er da macht.

Jetzt schiebt Jannik den Kanister zur Seite, in dem das Benzingemisch für den Rasenmäher ist. Dahinter liegt versteckt ein Bündel. Jannik hebt es auf und dreht sich um. Er legt das Ding auf die kleine Heimwerker-Werkbank und schlägt das Tuch auseinander.

Eine Pistole!

Louis erschrickt und der Anblick verschlägt ihm die Sprache.

„Das ist eine Pistole", erklärt Jannik stolz.

„Weiß ich. Bin ja nicht blöd. Wo hast du die denn her?"

„Gefunden. Auf dem Dachboden. Die muss wohl noch von Opa sein. Der war doch irgendwas Wichtiges im Krieg."

„Wissen Papa und Mama davon?"

„Wahrscheinlich nicht. Höchstens Oma."

„Und jetzt? Was willst du damit?"

„Weiß ich noch nicht. Erst mal will ich sie ausprobieren. Irgendwo im Wald, wo mich niemand sieht, und keiner die Schüsse hört."

„Mensch, Jannik, das darfst du nicht! Das ist verboten!“ Louis schaut seinen Bruder jetzt ehrlich erschrocken an, doch Jannik zuckt nur mit den Schultern.

„Darum soll es ja auch keiner mitbekommen!“

„Aber das ist gefährlich!“

„Quatsch! Wieso soll das gefährlich sein? Ich schieße doch nicht auf Menschen.“

„Trotzdem ...“

„Willst du mit, wenn ich sie ausprobiere?“

Louis zögert und schaut die Pistole skeptisch an. „Ich weiß nicht ...“

„Sei kein Feigling, Kleiner!“

„Ich bin kein Feigling!“

Jannik wickelt die Waffe wieder ein und versteckt sie hinter dem Kanister. „Gut, wenn du nicht willst, mache ich es allein. Aber du hältst den Mund, klar? Du hast es geschworen!“

„Klar, ich verrate nichts.“ Aber Louis bedauert schon, dass er das geschworen hat.

9

Horst Montag tritt gerade zur Hintertür herein, als Jakob Rosenfeld die Treppe herunter kommt.

Beide entdecken und erkennen sich im gleichen Augenblick. Sie zögern kurz, gehen dann aber aufeinander zu.

„Jakob, nicht wahr?“, sagt Horst vorsichtig. „Verzeihung, Herr Rosenfeld.“

Jetzt stehen sie voreinander. Rosenfeld sagt: „Wenn ich böswillig wäre, müsste ich aus dieser Begrüßung mit dem Vornamen schließen, dass sich an Ihrer Einstellung nicht viel geändert hat.“

„Es tut mir leid. Ich möchte Sie um Verzeihung bitten, dass –“

„Sei Ihnen gewährt, Herr Sturmbannführer – Verzeihung, Herr Montag.“

„Sie sind wohl nicht voller Hass, wie ich aus dem schließe, was Sie meinem Enkel erzählt haben.“

„Nein. Und Sie?“

„Nein. Es ist mir klar, dass Sie Grund hätten, böswillig zu sein. Und ich habe Grund, um Verzeihung zu bitten.“

Sie sehen sich schweigend in die Augen. Man sagt, dass man da manchmal erkennen könne, ob der andere es ehrlich meint.

„Wissen Sie“, sagt Jakob Rosenfeld nun, „wenn ich allen Leuten, die mir Übles getan haben, immer alles nachtragen wollte, hätte ich sehr viel zu tragen. An der Last würde ich mich zu Tode schleppen.“

„Das sind gute Worte, Herr Rosenfeld. Aber ich weiß

auch, dass die Seele des Menschen nicht immer annimmt, was der Verstand als richtig erkannt hat."

„Da muss ich Ihnen leider recht geben. Ich bin nicht frei von einer gewissen Verbitterung, obwohl ich weiß, dass sie mir nicht guttut."

Horst Montag nickt verständnisvoll. „Mein Enkel sagte, dass die Zurückweisung durch die Bevölkerung von Erlbruch Sie noch mehr belastet hat als die Zeit im Tunnel."

Jakob verschränkt die Arme und nickt ebenfalls bedächtig. „Ja, weil es eine Enttäuschung war. Und zum Teil auch, weil die Zwangsarbeit ja in gewissem Sinne freiwillig war. Sie sollte einen Sinn erfüllen. Sie war mein Schutz."

Horst runzelt die Stirn. „Das verstehe ich nicht. Das müssen Sie mir erklären."

„Das werde ich nachher tun, wenn Hugo dabei ist. Er war nämlich beteiligt."

Horst zögert kurz, doch dann fragt er: „Wäre es möglich, dass wir uns … die Hand reichen?"

Auf Jakobs Gesicht erscheint der Anflug eines Lächelns, er streckt die Hand aus und Horst schlägt ein.

*

Jens kommt in den Saal und entdeckt Lena, die gerade den Tisch deckt. Fünf Personen, mit jeweils zwei Tellern, Weingläsern, Stoffservietten und dem entsprechenden Besteck.

„Kann ich dir helfen?"

„Lieber nicht. Ich fürchte Frau Theißen würde es nicht gern sehen. Aber du kannst mir zugucken."

„Meine Lieblingsbeschäftigung", erwidert Jens zwinkernd und lässt sich auf einem der Stühle in Lenas Nähe nieder.

Während sie eine Kerze in die Mitte des Tisches stellt, sieht sie ihn fragend an. „Weißt du, wen dein Opa alles einlädt? Auch Tomasz?"

„Ja. Ich denke, er kann dafür aufstehen. Außerdem den Mann, den ich heute abgeholt habe, und Hugo Stoll. Sie alle verbindet irgendwie die Sache mit dem Tunnel."

„Hugo Stoll ist ein netter alter Herr. Ich kenne ihn ein bisschen, wie man sich im Dorf halt so kennt. Ich habe mitbekommen, dass er Leon den Propeller geschenkt hat. Der hängt jetzt in seinem Zimmer an der Wand. Leon ist mächtig stolz."

„Ich war dabei und habe mich ein paar Minuten mit Herrn Stoll unterhalten. Er hat mir einiges aus der Geschichte des Dorfes erzählt. Besonders, was es mit dem Tunnel auf sich hatte. Er hat auch gesagt, dass er am nächsten Sonntag beim Heimatfest, beim Festzug, gern mit einem Motivwagen an die Ereignisse erinnert hätte. Es geht ja um die Geschichte des Dorfes, und die Sache damals gehört zweifellos dazu. Aber das Festkomitee wollte es nicht."

Lena lässt den Blick über den Tisch wandern, um zu kontrollieren, ob sie nichts vergessen hat. „Ja, es gibt da Leute, die meiden die Erinnerung an die Kriegsjahre wie die Pest. Besonders unser Ortsvorsteher, der Ackermann. Aber er ist damit nicht allein."

„Wie fändest du es denn", fragt Jens langsam, als wisse er selbst noch nicht, was er davon halten soll, „wenn ich mich als ahnungsloser auswärtiger Unbeteiligter da mal einmische? Ganz unschuldig frage, ob dieser Teil von Erlbruchs Geschichte auch vorkommt? Und wenn nicht, warum nicht?"

„Keine schlechte Idee", meint Lena und hält ein Weinglas gegen das Licht, um die Sauberkeit zu kontrollieren. „Aber wie willst du … ?" Sie hält kurz inne und lächelt dann verschwörerisch. „Na ja, du bräuchtest ihn ja nicht in seinem Büro zu besuchen, damit es nicht so offiziell wirkt. Du könntest dir einfach die Haare schneiden lassen."

„Ich soll – was? Gefällt dir meine Frisur nicht?"

Sie lacht ihn an. „Nicht besonders, ehrlich gesagt. Ich finde, du sähest besser aus, wenn deine Haare nicht so lang auf deinen Hemdkragen hängen würden. Aber das meine ich nicht. Der Ackermann ist ja nur im Nebenamt Ortsvorsteher. Oder im Ehrenamt, wenn man sich nicht scheut, bei ihm von Ehre zu sprechen. Hauptberuflich ist er Friseur."

„Ach, und du meinst, während er meinen Kopf verunziert, könnte ich lässig plaudern … gute Idee! Das mache ich. Und du meinst, ich soll die Haare etwas kürzer –"

„Du sollst überhaupt nichts. Aber wenn du schon mal da bist … Ich meine, wenn du einen Grund suchst, weshalb du hingehen könntest …"

„Ich versteh schon. Übrigens – dieser Teller scheint einen Sprung zu haben. Du solltest einen anderen holen."

*

Die fünf Männer, drei alte und zwei junge, widmen sich genüsslich dem Nachtisch. Als Theißen, der Koch und Wirt, mal kurz hereinschaut, ruft Hugo Stoll ihm zu: „Werner, das hast du großartig gemacht!"

Der Wirt lacht: „Den Genuss könntest du öfter haben, Hugo!"

Hugo Stoll grinst. „Dafür reicht mein Kleingeld leider nicht."

„Bedankt euch bei unserem Urlaubsgast, Herrn Montag. Er hat gesagt, ich soll nicht knausern mit guten Zutaten."

Die beiden anderen alten Herren nicken Horst Montag zu und bestätigen mit einigen gemurmelten Worten ihre Dankbarkeit. Der winkt verlegen ab. „Es ist kein Opfer für mich. Ich bin nicht arm. Und dieses Zusammensein war es mir wert."

Lena gießt Wein nach.

„Aber", fährt Montag fort, „jetzt erlaube ich mir, an das Versprechen zu erinnern, Herr Stoll, uns weitere Einzelheiten zu erzählen, besonders über das Schicksal von Herrn Rosenfeld."

Der Angesprochene trinkt und sagt dann zu Rosenfeld: „Fang du an, Jakob! Ich ergänze dann, wenn ich es für nötig halte."

Jakob Rosenfeld beginnt. „Hier in Erlbruch gab es die Familie Stern. Ich war schon vor dem Krieg in Frankfurt mit ihnen befreundet. Wir kannten uns aus der Synagoge. Sterns hatten keine Kinder, und ich vermute, sie haben in mir so etwas wie ihren Sohn gesehen, denn ich hatte keine Eltern mehr. Einen Sohn-Ersatz. Als sie dann hier die große Villa bauten und die meiste Zeit hier lebten, wohnte auch ich hier. Und ging sogar im Dorf zur Schule."

„In meine Klasse", ergänzt Stoll. „Wir waren Freunde und haben vieles gemeinsam gemacht."

„Dann kamen die Nazis mit ihrer Feindschaft gegen die Juden über Deutschland. Es wurde immer schwieriger. Frau Stern hielt sich fast nur noch hier in der Villa auf und kam nicht mehr nach Frankfurt, in der irrigen Meinung, auf dem Land wäre der Antisemitismus nicht so ausgeprägt, weil es hier keine Auftritte der Schlägertrupps gab. Herr Stern musste natürlich der Geschäfte wegen immer wieder in die Stadt."

„Anfangs", ergänzt Stoll, „war die Feindschaft gegen die Sterns und gegen Jakob tatsächlich nicht so groß. Es gab wohl Reserviertheit, denn sie waren Fremde, aber keine Feindschaft."

„Die Nazis kamen am helllichten Tag, um das Ehepaar Stern abzuholen. Ich habe gehört, anderswo wären sie meistens mitten in der Nacht gekommen. Aber hier hielten sie das offenbar nicht für nötig."

„Weil es schon eine Bereitschaft gab, mit den Machthabern einen Handel abzuschließen: Wohlwollen und Hilfe bei dem Tunnelprojekt im Tausch für die Chance, sich an der Hinterlassenschaft der jüdischen Familie zu bereichern."

„Ich war damals zweiundzwanzig", fährt Jakob fort, „Hugo war ein Jahr älter. Ich pflegte den Garten von

Sterns. Da bekam ich mit, wie die Gestapo-Leute vorfuhren. Ich wusste noch nicht genau, was sich da anbahnte, aber ich hatte ein ungutes Gefühl. Ich kam zum Haus und hörte, wie einer von den Männern schnarrte: ‚Stern! Mitkommen!' Frau Stern riss das Fenster zum Garten auf und winkte mir heftig, ich solle verschwinden. Das tat ich. Aus meinem Versteck hinter einem Johannisbeerstrauch konnte ich sehen, wie das Ehepaar Stern ins Auto gedrängt wurde. Dann kam einer in den Garten und suchte offenbar nach mir. Sie schienen zu wissen, dass ich hier wohnte. Ich konnte mich davonschleichen und im Wald verstecken."

Er hält inne und schluckt. Hugo Stoll ergänzt:

„Im Dorf wussten alle, was passiert ist, aber man redete davon nur hinter vorgehaltener Hand. Es war also nicht so, wie in den Städten, wo die Nazis brüllten: ‚Kauft nicht bei den Juden!' Und wo sie Geschäfte und Wohnhäuser blockierten. Davon haben wir erst später erfahren. Heute weiß das sowieso jeder. Aber bei uns damals im Dorf lief das alles eher schweigend und im Verborgenen ab. Erzähle weiter, Jakob!"

Rosenfeld räuspert sich und fährt dann fort: „Ich hielt mich zwei Tage im Wald auf. Nachts holte ich mir etwas zu essen aus der Villa. Aber das konnte so natürlich nicht weitergehen. Darum habe ich mich in meiner Verzweiflung entschlossen, nachts zu meinem Freund Hugo zu schleichen."

„Ich bekam einen Todesschrecken, als Steinchen oben an mein Fenster flogen", sagt der. „Ich öffnete und sah Jakob unten stehen. Leise schlich ich runter und ließ ihn herein. In meinem Zimmer haben wir dann flüsternd Pläne geschmiedet."

„Natürlich wusste ich auch, dass Hugo mich nicht einfach in einem Geheimzimmer oder so verbergen konnte. Aber mir war ein Gedanke gekommen. Hugo war als Meister bei der Propellerproduktion im Tunnel angestellt worden."

„Ich hatte einen Meistertitel als Schreiner und sie hatten mich gefragt, ob ich die Aufgabe übernehmen wollte. Mit dem, was ich heute weiß, hätte ich vielleicht Nein gesagt. Allerdings hätte das nichts genützt, sie hätten jemand anderen gefunden. Und ich war ja nicht Teil der Staatsmacht, sondern Angestellter der Firma, die die Propeller herstellte. Außerdem war ich jung und abenteuerlustig und karrieresüchtig. Es faszinierte mich, dass ich zu Lehrgängen in großen Firmen geschickt wurde. Also habe ich Ja gesagt."

Und Jakob fährt fort: „Das alles wusste ich natürlich. Und ich sah darin eine Möglichkeit, dem Konzentrationslager zu entgehen. Ich fragte Hugo, ob er mich nicht in den Kreis der Fremdarbeiter einschleusen könne. Wer erwartet schon einen deutschen Juden unter polnischen und ukrainischen Zwangsarbeitern! Es klingt vielleicht verrückt, dass ich mich freiwillig zu dieser Zwangsarbeit im Tunnel meldete. Aber besser unter Zwang schuften als vergast zu werden. Das heißt, dass da Menschen vergast wurden, wussten wir damals noch nicht, aber wir hatten im Vorfeld Gerüchte gehört, dass man von den Konzentrationslagern nicht zurückkam. Und davon war ich überzeugt."

„Es war nicht sehr schwierig, Jakob in die Schar der Arbeiter einzuschleusen. Die kannten sich untereinander nicht, und die SS-Leute kannten erst recht keinen. Sie fragten auch nicht nach Papieren. Sie haben die Arbeiter so verachtet und fühlten sich weit über ihnen stehend, dass sie sie kaum ansahen. Sie wurden nur gezählt. Da war nun eben noch einer neu dazugekommen. Na schön."

„Wir haben uns einen polnischen Namen ausgedacht, und von da an hieß ich Witold."

Tomasz merkt auf. Bisher hat er nicht wirklich etwas verstehen können, doch nun reagiert er auf den Namen, den sein Großvater ihm ebenfalls genannt hatte. „Witold."

Jakob lächelt. „Genau. Dein Großvater Nikolai hat mich zunächst auch als Witold kennengelernt. Aber wir wurden bald Freunde, und da erzählte ich ihm die Wahrheit."

Tomasz versteht nur den Namen seines Opas, doch es reicht ihm. Er lächelt und nickt.

„Ja", sagt Hugo und schaut in die Runde, „so war das. Nun wisst ihr, warum ein deutscher Jude unter den polnischen Zwangsarbeitern war."

Horst Montag blickt beschämt vor sich hin und murmelt: „Was für ein Glück, dass ich damals so beschränkt war und den Betrug nicht bemerkt habe."

10

Mittwoch, 8. Juli 1992

„Nehmen Sie bitte hier Platz, junger Mann!", sagt der Friseur mit dem leichten Andeuten einer Verbeugung. „Wie wünschen Sie den Haarschnitt?"

„Ach, äh, ich weiß nicht. Einfach ein bisschen kürzer, dass es nicht so auf den Hemdkragen hängt."

„Ja, das ist eine gute Idee. Etwa so lang?" Er hält seine wie eine Schere gespreizten Finger an Jens' Haarspitzen. Jens bestätigt mit „Ja, ja", sieht dabei aber gar nicht in den Spiegel.

„Und vielleicht könnten wir auch hier –"

„Machen Sie mal! Sie werden schon wissen, wie es am besten aussieht."

„Ja, ich habe da schon so meine Vorstellungen. Das wird Ihnen gefallen. Sie werden sehen! Was für eine blonde Pracht, diese Haare!"

Bis jetzt ist er noch nicht der Typ Rasensprenger, wie Herr Stoll gemeint hat, denkt Jens. *Nur ein Schwätzer. Aber das hat man ja nicht selten in diesem Beruf. Vielleicht ist er als Ortsvorsteher anders denn als Friseur.*

„Sie sind wohl zu Besuch hier? Wir kennen uns noch gar nicht."

„Ja, aber nur für eine Woche."

„Ach, da wohnen Sie wohl im Gasthaus Theißen? Es

gibt nämlich hier keine andere Unterkunft für Gäste. Oder haben Sie hier Verwandte?“

Jens hat keine Lust auf Geplauder. Er schüttelt nur den Kopf. Darauf ist der Figaro nicht gefasst und sticht seinem Kunden mit der Schere beinahe in den Hals. Er kann es gerade so verhindern und streift ihn nur leicht.

„Aber der Anlass Ihres Besuches ist sicher das Heimatfest am kommenden Sonntag, nicht wahr?“

Jens ist im Begriff, wieder den Kopf zu schütteln. Noch rechtzeitig erkennt er aber die Gefahr und brummt nur. Die Antwort ist dem Friseur allerdings egal. Er fährt gleich fort: „Ja, da sollte man gut frisiert sein, an so einem Festtag.“

„Nein“, sagt Jens, „ich bin nicht wegen des Heimatfestes hier. Als ich meinen Großvater und mich im Hotel angemeldet habe, wusste ich gar nichts von dem Fest.“

„Tatsächlich? Nun, es ist ja auch eine schöne Wandergegend. Sie werden sicherlich einen angenehmen Urlaub haben, wenn das Wetter mitspielt. An einer Stelle kann man sogar im See baden. Oder haben Sie einen besonderen Grund, weshalb Sie ausgerechnet in Erlbruch Urlaub machen?“

„Das hängt mit dem Tunnel zusammen.“

„Ach …“

Für einen sonst so redseligen Menschen ist der Mann auf einmal ziemlich wortkarg.

Jens fährt fort: „Mit dem Tunnel und allem, was damals im Krieg und danach hier passiert ist.“

„So?“

„Aber das hängt ja sicher zusammen, nicht wahr? Ich meine, die Vorgänge damals sind ja ein wichtiger Teil der Geschichte des Dorfes und werden sicher beim Heimatfest erwähnt werden."

„Erwähnt?"

„In Reden etwa oder durch einen Motivwagen beim Festzug."

„Äh – nein, das ist nicht vorgesehen."

„Nicht?" Jens versucht, Erstaunen oder gar Verwunderung in seiner Stimme mitklingen zu lassen.

„Wissen Sie, so ein Heimatfest ist ein fröhlicher Anlass. Da wird Musik gemacht, getanzt und fröhlich zusammengesessen. Bei Würstchen und Bier. Man trifft alte Bekannte, die manchmal von weit her anreisen ..." Er kommt jetzt richtig in Fahrt. „... man tauscht sich aus, man redet von früher, lacht und freut sich ..."

„Und denkt an die Geschichte des Dorfes. Ich meine, wenn man doch von früher erzählt ..."

„Ja, aber nicht von diesem dunklen Kapitel. Es würde die Stimmung stören, die fröhliche Feststimmung, würden wir immer wieder diese alten Sachen auftischen. Vorbei ist vorbei, sage ich immer. Es gilt, nach vorn zu schauen."

„Sehen nur Sie das so, oder die anderen Dorfbewohner auch?"

„Nun, nicht alle. Ich gebe zu, es hat einen Antrag gegeben, mit einem Wagen im Festzug an diese Sache zu erinnern. Aber wir haben im Vorbereitungskomitee ... Schauen Sie mal, so etwa?"

Jens blickt in den Spiegel und nickt.

„Wir haben im Vorbereitungskomitee einstimmig beschlossen, wir beschränken uns auf die ... sagen wir mal, die positiven Aspekte."

„Sie sind also mit in diesem Komitee?"

„Ich bin sogar der Vorsitzende. Ich bin auch im Ehrenamt der Ortsvorsteher, wir haben hier keinen eigenen Bürgermeister, seit wir die Großgemeinde ... – Soll ich hier die Koteletten auch etwas kürzen? Man hat das heute nicht mehr so lang."

„Ja, machen Sie nur!"

„So, das sieht doch gleich etwas eleganter aus."

„Wenn Sie der Ortsvorsteher sind, Herr ..."

„Ackermann. Paul Ackermann."

„Wenn Sie der Ortsvorsteher sind, Herr Ackermann, dann wissen Sie doch sicher von den Plänen, den Tunnel wieder zu öffnen, die Gleise neu zu verlegen und den Bahnbetrieb wieder aufzunehmen."

„Selbstverständlich weiß ich davon! Ich habe mich in meinem Ehrenamt auch sehr dafür eingesetzt, dass wir wieder Bahnanschluss bekommen. Wissen Sie, es gibt viele Bürger, die hier wohnen, aber anderswo arbeiten. Einige müssen sogar bis nach Frankfurt. Da wäre es viel bequemer, auch besser im Sinne des Umweltschutzes, wenn die alle mit der Bahn fahren könnten."

„Das wird aber sicher noch lange dauern?"

„Man spricht von zwei Jahren. Wenn überhaupt. Eine endgültige Entscheidung ist wohl noch nicht gefallen. Man beteiligt mich leider nicht an dem Entscheidungsprozess. Dabei vertrete ich doch die Menschen, die es in erster Linie angeht. Aber Sie haben recht, wir müssen uns wohl noch etwas gedulden. So was dauert ja immer lange, bis alle zuständigen Behörden ihre Zustimmung geben. Heute zum Beispiel ... Soll ich die Augenbrauen auch etwas ...“

„Machen Sie nur! Heute zum Beispiel?“

„Heute sind Fachleute da, die den Tunnel besichtigen. Aber nicht etwa Bauingenieure oder so, sondern Archäologen und Historiker. Ehe etwas gearbeitet wird, muss erst geprüft werden, ob da etwas Erhaltenswertes zerstört werden könnte. Anscheinend ist das so Vorschrift. Völliger Blödsinn, wenn Sie mich fragen! Was soll denn da erhaltenswert sein? Das ist einfach ein Loch im Berg, 4,2 Kilometer lang. Und was heißt historisch? Ja, wenn schon Kaiser Barbarossa da durchgeritten wäre oder Karl der Große.“

„Nun, immerhin sind Dinge in dem Tunnel geschehen, die nicht vergessen werden sollten.“

„Doch! Wir sollten sie vergessen!“, sagt der Frisör entschieden und klappert mit der Schere, als könnte er das Gesagte damit unterstreichen. „Außerdem kann man doch nicht von historisch reden, wo das alles erst fünfzig Jahre her ist!“

„Gerade weil es noch nicht so lange her ist, sollte man es nicht verdrängen.“

„Verdrängen? Was heißt hier verdrängen? Das ist so ein neumodischer Ausdruck von den Seelenklempnern. Wir verdrängen nichts. Wir leugnen ja nicht, was damals war. Wir wollen nur nicht Tag für Tag daran erinnert werden.“

Jens schweigt. Es hat wohl nicht viel Sinn, mit dem Mann über das Thema zu diskutieren. Auch will er den

Friseur nicht allzu sehr ärgern, solange der mit einem Rasiermesser an seinem Hals herumfummelt.

„Wenn Sie verstehen, was ich meine“, fügt Ackermann noch hinzu, wohl um seine harten Worte im Nachhinein etwas abzumildern.

„Ich verstehe, was Sie meinen.“

Der Friseur werkelt weiter, nun in wohltuendem Schweigen.

„So“, sagt er schließlich zufrieden, „das hätten wir.“ Er hält einen Handspiegel hinter Jens’ Kopf, sodass dieser im großen Spiegel vor ihm seinen Hinterkopf bewundern kann.

„Gut. Danke.“

„Ich danke Ihnen“, sagt Paul Ackermann und nimmt seinem Kunden den Umhang ab, schwenkt ihn wie ein Stierkämpfer sein rotes Tuch und weist mit der Hand diskret zur Kasse.

Eine Viertelstunde später steht Jens vor dem Tunneleingang. Gut, dass er bei Ackermann von dem Besuch der Archäologen und Historiker gehört hat. Es interessiert ihn, was dabei herauskommt. Er hat ja außer ein paar Werkbänken und einigen leeren Eimern nicht viel gesehen. Aber er hat ja auch nicht gründlich gesucht, schon gar nicht nach etwas, das historisch wertvoll sein könnte.

Oben am Hang parken zwei Autos der gehobenen Mittelklasse und ein Geländewagen, unten stehen zwei Männer, deren Funktion Jens nicht kennt, und rauchen.

„Guten Morgen!“, grüßt Jens.

„Morgen. Sie können da jetzt nicht rein!“, sagt der

Ältere der beiden. Der Jüngere korrigiert: „Nicht nur jetzt nicht, sondern überhaupt nicht."

„Schon klar. Hatte ich auch nicht vor. Ich hab gehört, da wird heute untersucht, ob etwas denkmalgeschützt werden soll."

Die beiden lächeln herablassend. „Na ja, so ähnlich", sagt der Ältere, und der Jüngere erklärt: „Dr. Will vom archäologischen Institut und einige Mitarbeiter –" Der andere unterbricht ihn: „Und einige Archäologiestudenten sind auch dabei …"

In diesem Augenblick kommt eine junge Frau, offenbar eine Archäologiestudentin, ziemlich eilig aus dem Tunnel heraus. Vor dem Eingang, in der Nähe der drei Männer, bleibt sie stehen, beugt sich vor und stützt die Hände auf die Knie.

„Ist was?", fragt der ältere der beiden Männer.

Die Studentin richtet sich auf und kommt heran. „Wir haben ein Skelett gefunden."

„Ein was?"

„Ein Skelett! Wissen Sie nicht, was ein Skelett ist? Knochen von einem Menschen."

Jens fragt: „Weiß man, wer das ist? Wer das war?"

„Keine Ahnung. Das muss noch untersucht werden. Es sind nur die Knochen, ohne Reste der Kleidung. Ich bin … mir war nicht gut, deshalb bin ich erst mal rausgegangen." Sie steigt den Hang hinauf, öffnet die Heckklappe eines der Wagen, nimmt eine Flasche heraus und setzt sie an den Mund.

„Dann dauert die Sache noch etwas", sagt der Jüngere und steckt sich eine neue Zigarette an. Der Ältere nickt, geht ein wenig zurück und setzt sich auf die Schaufel des Radladers, der etwa zwanzig Meter vom Tunneleingang entfernt steht. Die Erdarbeiten sind wohl unterbrochen worden, solange der Tunnel untersucht wird.

„Weiß man denn", fragt Jens, „ob jemand von den Zwangsarbeitern vermisst wurde? Oder von dem Wachpersonal?"

„Keine Ahnung."

„Die Historiker haben doch sicher Unterlagen."

„Möglich. Aber so weit sind wir noch nicht."

Jens merkt, dass er hier keine weiteren Informationen bekommen wird. Deshalb verabschiedet er sich freundlich und geht.

11

„Guten Tag, Herr Stoll! Störe ich?“ Jens blickt von dem alten Mann zu dem leise knurrenden Hund hinunter.

„Sie stören nicht, Herr Montag.“ Mit einer Hand zieht Herr Stoll den Hund leicht am Halsband. „Ruhig, Hektor, das ist Herr Montag, den kennst du doch!“

„Sagen Sie doch Jens zu mir!“

„Gut. Dann kann man Sie auch besser von Ihrem Opa unterscheiden. Was führt Sie zu mir, Jens? Kommen Sie doch rein!“

Sie gehen gemeinsam in die Küche – Herr Stoll ist anscheinend noch einer von der alten Sorte Menschen, die das eigentliche Wohnzimmer nicht so oft benutzen. So setzen sie sich nun an den alten Esstisch. Hektor hat sich offenbar von der Harmlosigkeit des Besuchers überzeugen lassen und lässt sich friedlich neben ihnen nieder.

Jens erzählt sofort, was er erlebt hat. „Ich war gerade beim Tunnel. Hatte gehört, dass die Fachleute alles ansehen wollen, Archäologen und so.“

„Ja“, nickt Hugo Stoll. „Ich habe davon in der Zeitung gelesen. Ehe dort irgendetwas gemacht werden darf, müssen sie prüfen, ob es etwas gibt, das aufgehoben werden muss. Kann ich mir aber kaum vorstellen. Wenn denen das so wichtig ist, hätte ich ihnen auch meinen Propeller überlassen können. Aber nun habe ich ihn dem Kleinen von Theißens geschenkt. Und geschenkt ist geschenkt.“

„Sie haben ein Skelett gefunden.“

Stoll verschlägt es beinahe die Sprache.

„Ein … oh!“

„Genaueres weiß ich leider auch nicht.“

„Jetzt werden sie sorgfältig untersuchen, was damals geschehen ist. Ich muss nachdenken. Sie werden mich befragen, aber das meiste habe ich vergessen.“

„Der Tote hatte anscheinend keine Kleidung an. Jedenfalls hat man keine gefunden. Bis jetzt.“

„Er wurde sicher ermordet. Und der Mörder wird dafür gesorgt haben, dass man später, wenn man den Toten findet, nicht weiß, wer es war.“

„Das Wahrscheinlichste ist wohl“, überlegt Jens, „dass ein SS-Mann einen der Zwangsarbeiter erschlagen hat. Oder erschossen.“

„Aber es kann natürlich auch umgekehrt sein. Dass in den Wirren der letzten Tage einer der Arbeiter Gelegenheit hatte, an den Wachleuten Rache zu nehmen.“

„Auch möglich.“ Jens streichelt den Hund.

Hugo Stoll legt die Stirn in Falten. „Ich erinnere mich, dass plötzlich Befehle kamen und die SS-Männer in heller Aufregung waren. An dem Tag, als die Amerikaner über den Rhein setzten. Keiner wusste: Sind die Zwangsarbeiter nun frei? Die meisten Aufpasser waren auf einmal weg. Außer Henrich natürlich, der wohnte ja hier. Und die Polen und Ukrainer verkrümelten sich. Wohin? Das wusste keiner. Einige waren auch noch da, in den Baracken. Aber es wurde nicht mehr gearbeitet. Ich habe auch mitgekriegt, dass Leute aus dem Dorf in den Tunnel gingen und sich die Werkzeugmaschinen herausholten. Auch Holz und den guten Leim. Es waren ja wertvolle Hölzer für die Propeller.“

„Sie haben also keine Idee, was passiert sein könnte? Und wer der Tote ist?“

„Nein. Ich bin auch nie wieder im Tunnel gewesen, nachdem die Arbeit eingestellt worden war. Na ja, das wird jetzt sicher von der Polizei untersucht werden. Mord verjährt bekanntlich nicht.“

Jens nickt zustimmend, räuspert sich dann und sagt: „Ich bin eigentlich nicht nur gekommen, um Ihnen von dem Fund zu berichten, Herr Stoll.“

Der alte Mann blickt ihn aufmerksam an. „Sondern?“

Jens kratzt sich etwas verlegen am Kinn. „Ich hatte da so eine Idee.“

Er hält inne, doch Stoll wartet nur stumm ab, in der nicht unbegründeten Erwartung, dass ihm die Idee gleich erklärt werden würde.

„Es gab ja da die Bemühungen, an denen Sie auch beteiligt waren, beim Heimatfest am Sonntag an die Geschichte der Zwangsarbeiter zu erinnern, mit einem Motivwagen.“

„Ja, ich hätte das für richtig gehalten. Das ist ja nun ein Teil unsrer Dorfgeschichte. Wir machen es nicht ungeschehen, wenn wir versuchen, nicht daran zu denken. Eher im Gegenteil – durch die Erinnerung an die Ereignisse damals kann der Gefahr entgegengewirkt werden, dass Ähnliches noch einmal passiert. Das sage ich, obwohl ich selbst damals keine rühmliche Rolle gespielt habe. Oder genauer: Gerade deshalb liegt mir daran, heute die Fehler von damals aufzuarbeiten statt sie zu verschweigen.“

„Das Motiv verstehe ich, zumal ich Ähnliches auch bei meinem Großvater beobachte.“

Stoll zuckt betrübt mit den Schultern. „Aber ich beiße da auf Granit. Der Vorsitzende des Festkomitees, Paul Ackermann, ist strikt dagegen. Kräftig unterstützt von anderen aus dem Dorf. Vor allem von Elfriede Henrich. Das ist die Witwe eines SS-Mannes, des einzigen hier aus Erlbruch."

Jens nickt und lehnt sich vor. „Da hatte ich nun die Idee: Wie wäre es, wenn wir uns und der Sache Gehör verschaffen, indem wir einfach heimlich einen Motivwagen basteln und uns ungefragt dem Festzug anschließen?"

Hugo Stoll ist so überrascht von dem ungewöhnlichen Vorschlag, dass er nicht antwortet.

„Das … hm … das …" Er sucht nach Worten. „Das ist eine verrückte Idee. Verrückt! Nun – nicht alles Verrückte muss schlecht sein. Aber …" Er überlegt. „Sobald die Offiziellen das mitkriegen, werden sie alle Hebel in Bewegung setzen … Vielleicht sogar die Polizei rufen. Ich meine, sie sind schließlich die gewählten Verantwortlichen für alle Festlichkeiten, und wären im Recht, wenn sie … hm."

„Daran habe ich schon gedacht. Wir müssten –"

„Oh – ich sehe, Sie haben schon einen fertigen Plan." Es ist für Jens nicht erkennbar, ob Stoll das ironisch oder bewundernd meint.

„Nee, das nicht. Aber ich dachte mir: Wer könnte denn dabei mitmachen? Den Wagen basteln und ihn durch den Ort ziehen? Wer wäre mutig genug, sich gegen die Mehrheit zu stellen und eventuell Anfeindungen in Kauf zu nehmen. Und da hatte ich eine Idee."

„Noch eine?“

„Ja, nämlich: Kinder! Ich kam darauf, weil ich die Jungschar schon kenne, die Alexander Reeber leitet. Die würden sicher gern so etwas basteln und sich damit identifizieren. Einfach, weil sie von dem Konflikt nichts wissen. Man hat sie ja sicher wenig oder gar nicht mit der Geschichte vertraut gemacht. Und das hat dann den Vorteil: Wenn es Kinder sind, nur von einem oder zwei Erwachsenen angeführt, dann wird das Festkomitee nicht so hart gegen sie vorgehen. Im Gegenteil. Wir machen deutlich: Die Kinder sind nun wirklich unschuldig an dem, was damals geschehen ist. Aber es ist doch wichtig, dass die nächsten Generationen mit der Geschichte bekannt gemacht werden.“

Stoll nickt. „Auch diese Idee ist verrückt … Aber nicht schlecht. Hm … Meinen Sie, dass Alexander da mitmacht?“

„Das weiß ich nicht. Ich werde ihn fragen. Aber ich könnte mir denken, dass er es ähnlich sieht wie ich. Es ist mir schon klar, dass das nicht so ganz legal wäre. Aber ich finde, wenn man etwas als richtig erkannt hat, muss man auch mal Dinge tun, die von anderen als falsch angesehen werden. Das werden auch die Jungscharkinder verstehen, wenn wir es erklären. Wir stellen uns ja nicht grundsätzlich gegen die Autoritäten, aber das gehört hier sicher unter das Bibelwort, dass man Gott mehr gehorchen muss als den Menschen. Ich versteh zwar noch nicht viel aus der Bibel, aber das ist eine Sache, über die ich mich nach meinem Christwerden informiert habe.“

„Na, wenn Sie meinen. Mit diesen Dingen kenne ich mich nicht so aus. Aber vielleicht können wir auch einen der Leute aus dem Komitee auf unsre Seite ziehen. Dann wäre es nicht ganz so frech. Ich denke da an Walter Frey, der hat ähnliche Ansichten wie ich."

„Er dürfte aber nichts verraten."

„Das könnte ich mit ihm klären. Jedenfalls – ich wäre dabei. Falls es dazu kommt und Sie genug Mitarbeiter finden. Natürlich bin ich dabei. Erstens, weil ich es sowieso wollte – und daran ändert sich auch nichts, wenn so ein Hauch von Illegalem darüberliegt. Und zweitens muss man mir mein Engagement in der Sache abnehmen, weil ich ja selbst an dem Unrecht damals beteiligt gewesen bin. Ich klage mich also selbst an."

„Das freut mich richtig, Herr Stoll. Ich werde Alex heute Abend, wenn er von der Arbeit kommt, von den Plänen erzählen. Aber wir sollten auch mit meinem Groß... – Oh, da fällt mir etwas ein!"

„Schon wieder?"

„Ich wollte heute Nachmittag mit Großvater auf den Berg fahren, durch den der Tunnel geht. Es soll da schöne Spazierwege geben. So fünfzehn oder zwanzig Minuten kann er langsam gehen. Wie wäre es, wenn ich Sie abhole – Sie gehen vermutlich sowieso mit dem Hund raus – und wir spazieren zu dritt durch den Wald, und können dabei über die Pläne sprechen."

Stoll sieht seinen jungen Besucher lächelnd an. „Wirklich, Jens, Sie strotzen vor Ideen und Tatkraft. Ist das nur die Vitalität der Jugend oder ist das Ihre spezielle Eigenart?"

Jens zuckt verlegen die Schultern. Dann steht er auf. „Ist es Ihnen recht?“

„Ja, gern, wenn ich Hektor mitnehmen kann.“ Der hebt den Kopf, als er seinen Namen hört.

„Natürlich. Sagen wir so um drei?“

„Abgemacht.“

Sie verabschieden sich und gehen zur Haustür. Hektor folgt ihnen in der Hoffnung auf einen Spaziergang.

„Später, Hektor! Du hast es doch gehört – so um drei.“ Damit gibt der Hund sich zufrieden.

„Ach, Jens, eine Frage noch!“, ruft Stoll ihm hinterher.

Der ist schon auf der Straße und dreht sich um. „Ja?“

„Ehe Sie eben bei mir geklingelt haben, hat Hektor Sie schon gerochen oder gehört oder geahnt. Und mich aufmerksam gemacht. Da habe ich gesehen, dass Sie mindestens drei Minuten dagestanden und nichts getan haben. Das ist merkwürdig, wo ich Sie doch gerade als so einen aktiven Menschen kennengelernt habe. Hatten Sie Angst vor mir?“

„Nein, natürlich nicht.“ Jens lächelt verlegen und kommt wieder ein paar Schritte näher. „Es ist so – ich weiß nicht, ob ich Ihnen erzählt habe, dass ich seit Kurzem Christ bin.“

„Christ? Waren Sie vorher nicht getauft?“

„Doch. Ich meine, Christ der Überzeugung nach. Weil Gott zu mir –“

„Verstehe. Nein, davon haben Sie nichts gesagt. Aber was hat das damit zu tun?“

„Als ich mit meinen verrückten Pläne eben bei Ihnen

klingeln wollte, musste ich plötzlich denken: Was machst du hier eigentlich? Du bist noch nicht einmal fünf Tage hier und mischst dich schon in Angelegenheiten dieser Menschen ein, die dich gar nichts angehen. Willst alles durcheinanderwirbeln! Wissen Sie, ich habe früher viel durcheinandergewirbelt. Und das war nicht immer gut. Ich habe mich gefragt: Tue ich hier, was vor Gott richtig ist? Denn das ist mir jetzt wichtig. Oder gebe ich nur meinem natürlichen Drang nach, mich einzumischen, weil ich meine, alles besser zu wissen? Verstehen Sie, was ich meine?"

„Und da brauchten Sie drei Minuten, um eine Antwort zu finden?"

„Ja."

„Nun, Gott wird wohl nichts gegen Ihren Plan haben, denn der Plan ist gut, wenn Sie mein Urteil hören wollen – das Urteil eines Mannes, der gewöhnlich nicht nach Gottes Willen zu fragen pflegt."

Jens grinst. „Was Sie dazu sagen ist natürlich nicht so wichtig, wie das, was Gott dazu sagt. Aber auch nicht ganz uninteressant."

„Verstehe. Danke", grinst Stoll zurück. „Komm, Hektor!" Und damit schließt er die Tür.

12

Jannik sieht sich nach allen Seiten um. Der Lattenzaun am hinteren Ende von Henrichs Garten ist niedrig. Dahinter verläuft der Feldweg, der zum Wald hinaufführt.

Niemand scheint in der Nähe zu sein. Jannik wirft den Plastikbeutel, in dem die Pistole ist, hinüber und klettert hinterher. Als er drüben hinunterspringt, reißt er sich an einem vorstehenden Nagel einen Riss in sein T-Shirt.

So ein Mist! Da wird er sich wohl wieder eine Erklärung ausdenken müssen, wie das passiert ist. Er kann ja schließlich nicht sagen, dass er auf dem Weg in den Wald war, um Schießübungen zu machen.

Als er gerade dabei ist, den Schaden zu begutachten, spricht ihn jemand an.

„Hallo, Jannik!“

Erschrocken blickt er auf. Vor ihm steht der Bauer Kromm. Mist! Als er eben geguckt hat, war noch niemand da. Er hat sich zu lange mit seinem Missgeschick beschäftigt. Anscheinend kam der Kromm inzwischen um die Ecke seiner Scheune herum.

„Na, Jannik, hast du den Schlüssel für euer Gartentürchen verloren? Oder ist es dir zu umständlich, zur Tür zu gehen, dass du über den Zaun kletterst?“

„Nein, äh … das mache ich nur so zum Spaß.“

„So? Seltsamer Spaß. Na ja, es geht mich ja nichts an, es ist ja euer Zaun. Da kannst du so oft hin und her klettern, wie du willst. Pass nur auf, da steht ein Nagel raus!“

„Ja. Den wollte ich gerade mit einem Stein reinschlagen. Deshalb bin ich rübergeklettert."

„Ach, ich dachte, zum Spaß. Wenn du willst, kannst du dir vorn in meiner Scheune einen richtigen Hammer holen."

Jannik hat schon einen dicken Stein in der Hand. „Das geht schon so." Mit aller Kraft schlägt er auf den Nagel. Der wackelige Zaun gibt nach und zittert, aber der Nagel rutscht nicht tiefer ins Holz.

„So wird das nichts, Junge!"

„Ja, ich seh schon. Aber dann mache ich das später."

„Hast du das da verloren?" Der Bauer bückt sich behäbig nach dem Plastikbeutel mit der Pistole. Blitzschnell huscht Jannik an ihm vorbei, stößt den Bauern dabei fast um und greift nach dem Beutel.

„Na – pass doch auf!"

„Oh, Entschuldigung! Das wollte ich nicht."

„Was ist denn da drin? Scheint schwer zu sein."

„Hier drin?"

„Ja, da drin. Was sollte ich wohl sonst meinen?"

„Ach so. Ja, das ist … äh … allerhand Werkzeug."

„Werkzeug? Aber …"

„Ja, aber kein Hammer."

Bauer Kromm sieht den Jungen einige Augenblicke an, kraust die Stirn und geht dann kopfschüttelnd weiter.

Das fängt ja gut an!, denkt Jannik. Ich hoffe, dass das keine Pechsträhne wird. Nun aber nichts wie los! Er eilt Richtung Wald.

In der letzten Nacht im Bett hat er einen Plan geschmiedet. Nun, Plan klingt etwas hochtrabend. Er hat sich überlegt, wo er die Pistole ausprobieren kann, ohne dass jemand den Knall hört.

Lange hat er überlegt. Schließlich ist ihm eine Stelle im Wald eingefallen, an der sie früher, als er noch klein war, Indianer gespielt haben. Eine Mulde, mit Buschwerk bewachsen.

Jetzt läuft er durch den Wald und sucht die Stelle. War das nicht hier in der Nähe? Er erinnert sich, dass sie vom Bach aus zum Berg hinaufgegangen waren. Aber seltsam – das sieht hier alles ganz anders aus. Da stehen Bäume, die er gar nicht kennt. Vielleicht sind die inzwischen gewachsen? Ist ja auch schon lange her, fünf oder sechs Jahre, dass er hier Winnetou war.

Er zwängt sich durch das Buschwerk, kratzt sich dabei die Hände an einer Brombeerhecke auf, aber die Mulde findet er nicht. Oder ist es hier? Merkwürdig – wenn das die Stelle ist, hat er sie viel größer in Erinnerung. Und tiefer. Aber egal – jetzt sucht er nicht weiter. Er müsste jetzt eigentlich weit genug weg sein.

Jannik hockt sich hin. Zu seiner verschlechterten Laune wegen der Begegnung mit Bauer Kromm und der langen Suche kommt nun noch eine gewisse Beklemmung. Wie geht man mit so einer Waffe um? Niemand hat es ihm erklärt. Aber so schwierig kann das doch eigentlich nicht sein! Er ist ja technisch begabt. Außerdem sieht man immer in Filmen, wie damit geschossen wird.

Unsinn! In Filmen sieht man nur, wie sie die Waffe in Richtung Feind halten, dann knallt es und jemand fällt theatralisch um. Wie eine Pistole oder ein Gewehr wirklich funktioniert, sieht man da nicht.

Jannik hat sich schon manchmal darüber geärgert, wie in Filmen Dinge gezeigt werden, bei denen ein mitdenkender Zuschauer sich veräppelt vorkommen muss. Erst neulich hat er einen Western gesehen. Da haben die Indianer ein Fort angegriffen. Sie ritten immer um das Fort herum und wurden reihenweise abgeknallt. Wenn die Indianer nicht gerade strohdumm sind, würden sie das doch nie so machen! Sie würden entweder fortreiten oder so schnell wie möglich versuchen, nahe an die Palisaden heranzukommen.

Aber jetzt zurück zu seinem Plan. Er untersucht die Waffe gründlich. An einer Stelle öffnet man das Magazin, in das die Patronen hineinkommen. Oben drauf ist der Sicherungshebel. Jannik überprüft erst einmal alle Funktionen, ohne die Waffe geladen zu haben. Ja, so muss es gehen! Er wundert sich, dass Opas Pistole nach fünfzig Jahren noch so gut funktioniert. Sie scheint gut geölt gewesen zu sein.

Nun steckt er die Patronen hinein, schließt das Magazin und steht auf. Nach einem kurzen Augenblick der Besinnung zielt er auf einen Baum, der etwa zehn Meter entfernt ist, und drückt ab.

Ein ziemlicher Knall erschreckt ihn, er klingt lauter als in den Filmen. Er spürt auch den Rückschlag, aber schwächer, als er vermutet hatte.

Für einige Augenblicke bleibt er still stehen und lauscht. Auch nachdem seine Ohren den Knall verarbeitet haben und wieder gut hören, nimmt er nur Waldrauschen und Vogelgezwitscher wahr, keine menschlichen Stimmen oder Schritte.

Dann geht er zu dem Baum, auf den er gezielt hat. Tatsächlich – er hat getroffen! Da ist die Kugel eingedrungen.

Auf einmal schwindet seine schlechte Stimmung und sein beklemmendes Gefühl, gemischt mit einer Spur von schlechtem Gewissen. Jetzt ist da nur noch Stolz. Ja, Stolz und Triumph. Er hat geschossen und getroffen! Er ist nicht nur ein falscher Filmheld mit einer Attrappe, sondern ein Mann mit einer echten Waffe. Jetzt ist er allen überlegen!

Jannik richtet sich mit vor Stolz geschwellter Brust gerade auf und steckt die Pistole in den Gürtel. Dann fällt ihm aber etwas ein – er nimmt die Waffe wieder zur Hand, legt den Sicherungshebel um, damit die Waffe nicht aus Versehen losgehen kann, und steckt sie erneut in den Gürtel. Dabei lächelt er selbstzufrieden.

Mehr schießen will er jetzt nicht. Die Gefahr, entdeckt zu werden, ist zu groß. Er weiß jetzt, wie es geht, und dass er es kann. Das ist fürs Erste genug.

Nun macht er sich auf den Heimweg. Den Beutel mit den restlichen Patronen trägt er in der Hand, aber die Pistole lässt er im Gürtel. Das gibt ihm ein gutes Gefühl. Erst wenn er wieder unter Menschen kommt, wird er sie in die Plastiktüte stecken.

Wo muss er denn jetzt hin?

Der Himmel ist bedeckt, sodass er sich nicht am Stand der Sonne orientieren kann. Also geht er einfach drauflos in die Richtung, die er für die richtige hält. Aber nach einer Weile merkt er, dass dies nicht der Heimweg sein kann. Hat er sich verlaufen?

Eigentlich sind die Wälder hier ja nicht so groß, dass man sich wirklich verlaufen könnte. Man muss nur so lange gehen, bis man wieder in die Zivilisation kommt.

Er hat auch keine Sorge, dass er nicht mehr herauskommen könnte, sondern er ärgert sich über sich selbst. Beim Indianerspielen als Achtjährigem ist ihm das nie passiert, dass er den Weg nicht gefunden hätte. Er war wohl zu lange nicht mehr im Wald.

Vielleicht hat er aber heute auch einfach nur eine Pechsträhne. Erst die Sache mit dem Nagel, dann Kromm, dann, dass er die Mulde nicht gefunden hat, und jetzt weiß er den Heimweg nicht. Allerdings hat mit der Pistole alles geklappt. Aber was nützt einem Helden eine Waffe, wenn er den Weg nicht findet?

Jannik irrt noch einige Meter weiter, bis ihm die Gegend plötzlich wieder bekannt vorkommt. Er tritt aus dem Wald heraus und sieht am Fuße des Hügels, auf dem er steht, eine kleine Wiese und dahinter die Straße, die von Erlbruch nach Intringen führt. Tief unter ihm muss der Tunnel verlaufen. Er verlässt den Wald und geht über die Wiese auf die Straße zu.

Am Straßenrand steht ein Auto, ein grauer BMW. Gerade steigen drei Männer aus, ein junger, der auf dem Fahrersitz gesessen hat, öffnet die hintere Tür und hilft einem alten Mann heraus, der offenbar etwas unsicher auf den Beinen ist. Auf der anderen Seite steigt ein weiterer alter Herr aus, gefolgt von einem Schäferhund.

Den kennt Jannik doch! Das ist der Stoll mit seinem Hektor!

Der Schäferhund, aus dem engen Auto befreit, springt ausgelassen über die Wiese. In seiner Bewegungsfreude rennt er in Janniks Richtung. Jetzt ist er noch etwa fünfzig oder sechzig Meter entfernt.

Als der Hund plötzlich Jannik entdeckt, bleibt er abrupt stehen. Angespannt richtet er sich auf und schaut zu Jannik hinüber.

„Hektor! Bei Fuß!“, ruft Hugo Stoll. Doch der Hund reagiert nicht. Eilig folgt Stoll dem Tier auf die Wiese.

Jannik fühlt Angst in sich aufsteigen. Der Köter hat ihn anscheinend wiedererkannt. Warum hat er ihn auch nur so geärgert!

Hektor scheint sich jetzt sicher zu sein, dass sein Feind vor ihm steht. Erst knurrt er laut und bedrohlich, dann bellt er geifernd und springt los. In langen Sätzen wetzt das Tier durch das kurze Gras.

Was soll er nur tun? Jannik weiß, dass er vor dem Hund nicht fliehen kann. Solch ein Tier ist schneller als ein Mensch.

Aber warum fliehen? Er hat ja eine Waffe! Jannik zieht die Pistole aus dem Gürtel.

„Hektor! Hierher! Hektor!“, hört er Stoll rufen.

Wenn er näher als zehn Meter kommt, dann schieße ich, denkt Jannik. *Die Bestie greift mich sonst an.*

„Hektor! Hierher!“ Aber Hektor ist nicht zu bremsen.

Jannik schießt, seine Hand zittert.

Er ist es nicht gewöhnt, zielsicher zu treffen. Der

Rückstoß der Waffe lässt die Kugel eine Bahn fliegen, die höher ist als geplant. Sie fliegt über den Hund hinweg und trifft Hugo Stoll ins Bein. Der schreit auf und stürzt zu Boden.

Ist es der erschreckende Knall oder der Schrei seines Herrchens? Hektor bricht jedenfalls sofort seinen Angriff ab, wendet sich um und springt zu Stoll zurück.

Jannik bleibt für eine Schrecksekunde stocksteif stehen. Dann löst sich die Starre und er rennt in den Wald zurück. Als er weit genug drin ist, wo ihn wahrscheinlich keiner der anderen beiden verfolgen wird, lässt er sich fallen.

Ich habe auf einen Menschen geschossen! Das wollte ich doch nicht! Aber was heißt das schon – ich habe es getan. Hoffentlich hat Stoll mich nicht erkannt! Die andern beiden sind wohl keine Gefahr. Die waren zu weit weg. Und wenn ich sie nicht kenne, werden sie mich auch nicht kennen.

Ich wusste es – ich habe heute eine Pechsträhne! Es geht aber auch alles schief! Hätte ich doch einen anderen Tag für den ersten Schussversuch gewählt. Oder hätte ich wenigstens einen Rückzieher gemacht nach dem blöden Unfall am Gartenzaun!

Eine Weile sitzt er so da, mit dem Rücken an eine Buche gelehnt, und gibt sich seinen trüben Gedanken hin.

Was mache ich jetzt nur? Auf keinen Fall darf man die Waffe bei mir finden. Wenn niemand bei mir sucht, besteht wohl keine Gefahr. Aber was, wenn Stoll mich erkannt hat? Oder auch nur ahnt, dass ich es gewesen sein könnte?

Jannik sucht eine geeignete Stelle, gräbt mit den Händen ein Loch und legt die Pistole in der Plastiktasche hinein. Dann deckt er das Loch mit Erde zu, streut altes Laub und Hölzchen darüber und prägt sich die Stelle möglichst genau ein, damit er sie später wiederfindet.

Anschließend trottet er nach Hause – allerdings nicht auf der Straße, sondern durch den Wald. Niemand soll beobachten, wo er herkommt.

Seine Pechsträhne ist aber noch nicht zu Ende! Als er gerade über den Zaun in den Garten klettern will, kommt Louis, sein kleiner Bruder, aus der Hintertür.

„Jannik! Wo warst du denn die ganze Zeit? Was machst du denn da draußen?"

„Ich … äh – das geht dich gar nichts an." Dann kommt ihm ein spontaner Gedanke: „Ach, Louis, bring mir doch mal einen Hammer! Ich muss hier was reparieren."

Er ist ganz stolz auf seinen Einfall, mit dem er den Kleinen von seiner Frage abgelenkt hat.

Als Louis mit dem Hammer zurückkommt, sagt er: „Jetzt halte mal kräftig dagegen!"

„Wo gegen?"

„Gegen den Zaun. Ich will diesen Nagel tiefer einschlagen."

Doch das Gegenhalten bringt nicht viel. Erst als Louis einen schweren Stein gegen den Zaun presst, kann Jannik den Nagel wieder dahin versenken, wo er hingehört.

13

„Der Hund kann aber nicht mit rein!“, sagt einer der Männer, die Hugo Stoll auf eine Trage legen.

„Ist schon gut“, wirft Horst Montag ein. Er sitzt bei offener Wagentür im Auto und wendet sich jetzt an seinen Enkel. „Komm, hilf mir, Jens! Ich setze mich da auf die Bank und behalte den Hund bei mir. Du parkst das Auto irgendwo, denn hier vor dem Haupteingang des Krankenhauses kannst du es ja nicht stehen lassen. Und dann schaust du nach, wo sie Herrn Stoll hinbringen.“

Ehe er seine Rede beendet hat, sind die Sanitäter schon im Inneren des Krankenhauses verschwunden. Jens bringt das Auto zum Parkplatz, kommt zurück, streichelt im Vorbeigehen Hektor und geht in das kleine Bezirkskrankenhaus. Die Dame am Empfang ruft ihm zu: „Den Gang rechts hinunter. Da wird Ihr Patient untersucht.“

Aber Jens darf nicht mit in den Untersuchungsraum. Also setzt er sich auf einen der Stühle davor.

Da sitzt er nun. Und versucht, sich zu beruhigen.

Als Erstes geht ihm der Gedanke durch den Kopf: Er war doch sehr im Irrtum, als er fürchtete, der Urlaub mit Großvater hier in der Provinz würde langweilig werden.

Und der zweite Gedanke ist: Wer schießt auf einen alten Mann? Er hatte von Weitem sehen können, dass der Schütze ein Teenager war. Vielleicht wollte der den Hund treffen, vor dem er Angst hatte. Aber wie kommt ein Teenager an eine Pistole?

Und dann kommt ihm noch ein dritter Gedanke: Wie gut, dass er dabei war und so den guten Herrn Stoll gleich ins Krankenhaus fahren konnte! Das hatte vermutlich Gott so gelenkt. Nein, nicht vermutlich, sondern bestimmt!

Bei diesem Gedanken freut er sich – er konnte helfen, sozusagen als Gottes Werkzeug. Aber dazu gehört natürlich auch, dass er für Hugo Stoll betet. Das tut Jens jetzt. Aber es bleibt das Gefühl, dass die Verletzung von Hugo Stoll nicht das größte Problem ist. Offenbar gibt es Menschen, die anderen Menschen so etwas antun. Das ist beängstigend. Wie kann er dafür beten? Dass alles Böse in dieser Welt aufhört? Dafür haben sicher schon viele Tausende gebetet, aber das Böse ist immer noch da.

Er selbst war ja auch ein Mensch, dem es egal war, ob andere unter ihm zu leiden hatten. Gott hat ihm verziehen und seinem Leben eine andere Richtung gegeben. Nicht dass er jetzt sündlos wäre …

Erlöse uns von dem Bösen. Dieser Satz kommt ihm in den Sinn. Den muss er irgendwann mal irgendwo gehört haben.

Als sich eilige Schritte nähern, blickt er auf. Eine Krankenschwester mit einer seltsamen weißen Kopfbedeckung kommt den Gang entlang.

Jens steht auf. „Entschuldigen Sie! Sind Sie eine Nonne?“

„Nein, eine Diakonisse.“

„Ach, was ist denn das?“

„Das evangelische Gegenstück zu einer katholischen Nonne.“

„Ach so. Aber auf jeden Fall sind Sie eine fromme Frau?"

„Ich möchte lieber sagen: Eine gläubige Frau."

„Ja, ich auch, äh …"

„Sie sind auch eine gläubige Frau?", lächelt die Schwester.

„Äh – nein, natürlich keine Frau. Aber ich glaube auch an Christus, wollte ich damit sagen. Aber erst seit kurzer Zeit. Ich weiß noch wenig darüber. Können Sie mir sagen, woher der Satz stammt: ‚Erlöse uns von dem Bösen'?"

„Natürlich, das ist ein Teil vom ‚Vaterunser'. Das Gebet wird in jedem Gottesdienst gesprochen. Wenn Sie das nicht wissen, können Sie wirklich noch nicht lange Christ sein."

„Nein, erst seit ein paar Wochen. Das werde ich dann noch lernen. Aber sagen Sie – wenn so viele Menschen in der Christenheit dafür beten, jeden Sonntag, warum gibt es dann noch so viel Böses?"

„Oh, junger Mann, ich weiß nicht, ob ich Ihre schwierige Frage in der Eile zwischen Spritzen setzen und Essensausgabe beantworten kann. Und ob ich es *überhaupt* kann. Wir verstehen vieles nicht. Aber seien Sie sicher – Gott versteht es. Er sieht das große Ganze. Aber er sieht auch das kleine Kaputte."

Vom Ende des Ganges ruft jemand: „Schwester Ingeborg!"

„Ich muss weiter", sagt die. „Nur in Kürze so viel: Wenn Gott noch nicht das Böse aus der Welt verbannt hat, können wir doch zumindest bitten, dass er uns selbst von der Macht des Bösen erlöst. Das erbitten wir im ‚Vaterunser'. Und noch einiges mehr, das auch wichtig ist. Zum Beispiel, dass Gott uns alle Schuld vergibt, so wie wir …"

„Schwester Ingeborg!", klingt es drängender von irgendwo.

Mit einem Schulterzucken und einem Lächeln wendet sie sich zum Gehen. „Lesen Sie es in der Bibel nach, im Matthäusevangelium, Kapitel 6! Gott segne Sie, junger Mann!", sagt sie noch, und dann eilt sie davon.

Jetzt öffnet sich die Tür des Untersuchungsraums und Stoll wird herausgeschoben.

„Er muss operiert werden", informiert ihn eine Schwester im Vorbeigehen.

„Wie kann ich –" Aber schon schließt sich eine andere Tür und Jens kann noch nicht einmal seine Frage anbringen, geschweige denn eine Antwort bekommen.

Stattdessen stehen auf einmal zwei Polizisten vor ihm. „Guten Tag. Sie sind der Zeuge dieses Vorfalls?"

Jens blickt sie an. In seiner „Sturm- und Drangzeit" hatte er nie besonderen Respekt vor Polizisten, sie waren immer zunächst mal Feinde. Aber diese Zeiten waren nun vorbei.

„Jens Montag ist mein Name. Ja, ich habe den Schuss mitbekommen. Wie kommt es, dass Sie so schnell hier sind?"

„Das Krankenhaus hat uns angerufen. Das ist ihre Pflicht bei Schussverletzungen."

„Ach so."

„Können Sie uns schildern, was passiert ist?", fragt

der kleinere der beiden Polizisten, während der größere, der bis dahin gesprochen hat, ein Notizbuch aus der Tasche zieht.

„Natürlich kann ich das."

„Dann tun Sie es doch bitte!"

„Wir wollten einen kleinen Spaziergang machen, Herr Stoll mit Hektor …"

„Also der Verletzte mit seinem Hund, wenn ich das richtig verstehe?"

„Genau. Und mein Großvater und ich. Wir waren zwischen Erlbruch und Intringen …"

Der größere Beamte unterbricht. „Am besten, wir fahren da mal gemeinsam hin, um uns ein besseres Bild machen zu können. Unterwegs können Sie uns im Auto erklären, was Sie gesehen haben."

„Das wird leider nicht gehen."

„Warum nicht?"

„Ich muss unser Auto fahren. Mein Großvater, der da draußen auf der Bank sitzt, kann nicht selbst fahren, wegen seiner schlechten Augen."

„Er sitzt da draußen?"

„Ja, er passt auf den Hund des Verletzten auf."

„Hektor."

„Genau."

„Na schön, dann fahren Sie mit Opa und Hund voraus, bis zu der Stelle, wo es passiert ist, und wir folgen Ihnen. Ihren Bericht können Sie uns dann vor Ort geben."

Sie gehen gemeinsam zum Ausgang. Schwester Ingeborg kommt den Gang herunter, neben ihr offenbar ein Arzt.

Im Vorbeigehen lächelt sie Jens an und sagt: „Gott mit Ihnen, Bruder!“

Er bleibt überrascht stehen. Dann dreht er sich um, eilt der Schwester hinterher und fragt leise: „Haben Sie gerade Bruder zu mir gesagt?“

„Ja. Sollte ich nicht?“

„Äh, doch. Ich war nur überrascht, weil das noch niemand … meine Schwestern nennen mich beim Namen.“

Der Arzt ist schon weitergegangen.

„Wenn Sie das ‚Vaterunser‘ beten, dann reden Sie Gott als Vater an. Ich ja auch. Und die, die einen gemeinsamen Vater haben, sind logischerweise Geschwister.“

„Ach so, ja …“

Der Arzt ruft: „Schwester Ingeborg, kommen Sie?“

Die Diakonisse nickt und eilt davon. Jens lächelt und folgt den Polizisten nach draußen.

*

Einige Zeit später steht Jens vor dem Haus der Reebers.

Die Haustür könnte etwas Farbe vertragen, denkt Jens. *Dann wäre sie ein Schmuckstück.*

Er klingelt und kurz darauf öffnet Pia. Wieder hat sie das Baby auf dem Arm. Als sie Jens erblickt, lächelt sie ihn freundlich an.

„Hallo, Pia! Alex ist wohl noch nicht von der Arbeit zurück? Sein Auto steht nicht da.“

„Nein, aber er muss in den nächsten Minuten kommen. Willst du warten? Komm rein! Kann ich dir ein Glas Wasser anbieten? Es ist heiß.“

„Ja, gern! Na, was macht meine kleine Freundin?" Jens grinst das Baby an, aber das fängt diesmal an zu brüllen.

„Aber was hast du denn? Wir waren doch mal gute Freunde! Verstehe einer die Frauen!" Jens zwinkert Pia zu, die ihm gerade ein Glas Mineralwasser bringt. Sie stellt es vor ihm auf den Küchentisch, als sie hören, wie sich die Haustür öffnet.

Alexander kommt lächelnd in die Küche und begrüßt Frau und Kind mit einem Kuss – Jens fühlt sich ein wenig getröstet, dass das Kind dabei weiterbrüllt, dass also sein Unwille wohl nichts mit ihm zu tun hat.

Die beiden jungen Männer begrüßen sich. „Was gibt's Neues, Jens?"

„Drei Dinge. Erstens: Sie haben im Tunnel ein Skelett entdeckt. Zweitens: Ein Unbekannter hat auf Hugo Stoll geschossen. Und drittens will ich dir einen Vorschlag machen, der das Heimatfest betrifft."

„Na Donnerwetter, das sind eine Menge Neuigkeiten!" Alex setzt sich, Pia ebenfalls mit dem Baby, das sich gerade beruhigt, und Jens erzählt seine Erlebnisse des Tages. Sie hören interessiert zu, sogar das Baby schaut ihn nun fasziniert an.

„In Sachen Skelett müssen wir jetzt abwarten, bis wir Neues erfahren, bei den Schüssen auf Stoll ebenso. Die Polizei ermittelt."

„Ja, da bin ich gespannt. Aber jetzt dein Punkt drei. Was willst du vorschlagen in Sachen Heimatfest?"

„Ehrlich gesagt, in meinen Gedanken schien mir das ganz einfach und naheliegend zu sein, aber wenn ich es jetzt erklären soll, kommt es mir doch etwas verrückt vor."

„Macht nichts", meint Alex, „ich liebe Verrücktes. Und wenn ich es zu verrückt finde, dann sage ich es schon."

„Natürlich. Wenn du nicht mitmachst, wird es sowieso nichts."

„Also?"

„Der Stoll erzählte mir, dass er einen Motivwagen über die Zwangsarbeit damals im Tunnel in den Festzug einreihen wollte. Aber das ist abgelehnt worden. Man will nichts haben, was den Frohsinn stört. Ich habe mich sogar in einem persönlichen Gespräch mit Paul Ackermann, dem Vorsitzenden des Festkomitees, davon überzeugt, dass dies die offizielle Haltung ist. Es hat mich einiges gekostet."

„Ach? Was denn?"

„Den unteren Teil meiner Haarpracht."

„Das war aber kein Opfer, oder?", sagt Pia mit einem Zwinkern. „Jedenfalls habe ich den Eindruck."

Alex grinst und drängt Jens dann, weiterzuerzählen: „Und du hast nun einen Plan, wie du diese Schande für das Dorf ans Licht bringen kannst? Bildlich gesprochen."

„Ja. Ich denke, das ist ganz wichtig. Nur wenn die Menschen sich ihrer Geschichte stellen, können sie damit fertigwerden. Man wird die Schatten der Vergangenheit nicht los, wenn man so tut, als wäre alles nur eitel Sonnenschein."

Beide nicken, sagen aber nichts. Nur das Baby brabbelt etwas. Jens beschließt, das als Zustimmung zu deuten.

„Jetzt fragt ihr euch vielleicht: ‚Was geht das dich an? Du bist doch fremd hier und besuchst uns nur für eine Woche'."

„Richtig. Und was sagst du dazu?"

„Es hängt auch mit meinem Großvater zusammen. Er ist ja in diese Geschichte verstrickt. Und er ist hergekommen, weil ihn sein Gewissen treibt. Ich helfe ihm bei der Aufarbeitung. Er weiß nämlich nicht, wo er ansetzen soll. Mehr als ein gemeinsames Essen mit den Betroffenen war bisher nicht drin. Und es ist schon Mittwoch."

„Da hast du dir aber etwas vorgenommen!", sagt Pia. „Mannomann!"

„Weißt du", erklärt Alex, „Pia hat eine sozialpädagogische Ausbildung und kennt sich gut im Seelenleben der Menschen aus. Was du da vorhast, hört sich ziemlich groß an! Aber jetzt konkret – was schlägst du vor?"

„Wir basteln selbst einen Wagen, der den Tunnel zum Thema hat, und zwar mit der Jungschar. Oder mit einigen aus der Jungschar, die wir zu striktem Stillschweigen verpflichten. Wenn der Festzug losgeht, kommen wir aus unserem Versteck und hängen uns einfach an."

Man sieht, wie es in den Eheleuten arbeitet.

„Wirklich verrückt!", kommentiert Alex schließlich. Und Pia meint: „Das werden sie nicht zulassen."

„Was sollen sie denn machen? Wenn Kinder den Wagen ziehen oder sich als Zwangsarbeiter verkleiden, werden sie die nicht gewaltsam behindern. Schon gar nicht vor den Kameras des Regionalfernsehens."

Schweigen.

„Eine wirklich verrückte Idee“, brummt Alexander Reeber. „Aber ich glaube, das habe ich schon gesagt.“

„Stimmt.“

„Aber gerade deshalb faszinierend.“

„Stimmt.“

„Dann lass uns mal ganz praktisch überlegen, ob das durchführbar wäre. Und wie.“

Also überlegen sie.

14

Donnerstag, 9. Juli 1992

Jens ist auf dem Weg zu Tomasz' Zimmer. Er möchte versuchen, ihm die Pläne für den Festzug am Sonntag zu erklären – zur Not mit Händen und Füßen. Vielleicht will er ja mitmachen. Schließlich ist er extra wegen der Erlebnisse seines Großvaters hergekommen.

Am Tag zuvor hat Horst Montag mit Tomasz' Kollegin Maria telefoniert. Er hat ihr berichtet, dass Tomasz auf dem Weg der Besserung sei, aber noch diese Woche bleiben solle. Jens würde ihn dann am Sonntagabend zurückbringen, damit er am Montag wieder mit der Arbeit anfangen könne. Über die Kosten des Hotels, für den Arzt und den Verdienstausfall müsse sich niemand Gedanken machen.

Das möchte Jens nun auch Tomasz berichten, doch der ist nicht in seinem Zimmer. So macht sich Jens auf die Suche. Auf dem Flur kommt ihm Lena entgegen.

„Guten Morgen, meine Schöne!", begrüßt er sie mit einem breiten Lächeln.

„Oh – was für ein Gruß! Danke! Womit habe ich das denn verdient?"

Jens lacht. „Na, das ist doch offensichtlich."

Lena legt den Kopf schief und grinst. „Ach, ist es das? Dann begrüße ich dich mit: Guten Morgen, mein Held! Denn das ist auch angemessen. Ich habe gehört, dass du nach der Schießerei gestern gleich Herrn Stoll ins Krankenhaus gefahren hast."

Jens zuckt mit den Schultern. „Wüsste nicht, was daran heldenhaft sein sollte."

Lena zieht erstaunt eine Augenbraue in die Höhe. „Meinst du, das war selbstverständlich? Nach dem Motto der Bibel: Einer trage des anderen Lasten?"

„Steht das in der Bibel? Muss ich mir merken, ein toller Satz. Weißt du, mit meinem Bibel-Know-how ist es noch nicht so weit her. Aber um in so einem Fall zu helfen, muss man ja kein Christ sein. Das ist doch selbstverständlich. Obwohl … – ich muss zugeben, dass es mir vor Kurzem noch nicht selbstverständlich gewesen wäre."

Lena lächelt verständnisvoll. „Also hat dein Glaube doch etwas bei dir geändert."

Jens sieht sie nur wortlos an und überlegt, ob sie wohl damit recht hat.

„Aber gut", fährt sie fort, „wenn du kein Held sein willst, sage ich halt: Guten Morgen, verehrter Gast! Aber jetzt muss ich weiter …"

Sie zwinkert ihm noch einmal zu und eilt dann davon. Jens beobachtet sie dabei mit Vergnügen. Als sie schon fast an der Treppe ist, ruft er ihr nach: „Ach, Lena, weißt du zufällig, wo Tomasz ist?"

„Bei Leon. Der hat sein Zimmer im Altbau, erster Stock, zweite Tür rechts."

„Danke!"

Jens geht in den anderen Gebäudetrakt und klopft an die entsprechende Tür.

„Ja?", hört er Leons Stimme.

Jens tritt ein. Sein erster Blick fällt auf den großen Propeller an der Wand. Darunter sitzen an einem kleinen Tischchen Leon und Tomasz. Zwischen ihnen steht ein Schachbrett.

„Hallo, ihr beiden!"

Leon blickt vom Spielbrett auf. „Morgen, Jens! Wir hatten beide Langeweile. Ich, weil Ferien sind und es regnet. Und Tomasz, weil er nicht arbeiten kann und nichts Polnisches zu lesen hat. Darum spielen wir jetzt Schach. Ich hab schon einiges von ihm gelernt."

Tomasz lächelt nur.

„Wer gewinnt denn?" Jens schaut auf das Spielbrett.

„Tomasz. Aber ist ja auch klar. Er ist viel älter und hat mehr Übung."

„Du verlierst aber trotzdem nicht die Lust?"

„Nee. Übrigens, Alex war gestern Abend noch hier und hat von eurem Plan erzählt, einen Wagen für den Festzug zu machen. Tolle Idee, finde ich! Ich bin dabei. Und ich werde natürlich nichts verraten."

„Darüber wollte ich gerade Tomasz informieren. Allerdings weiß ich nicht, wie ich ihm diese komplizierte Sache klarmachen soll, ohne ein polnisches Wort zu können. Doch – ein Wort kenne ich: *Mazurka*. Das ist ein polnischer Tanz, glaube ich. Aber tanzen wollen wir ja nicht. Im Gegenteil, es soll ernst sein."

„Ist nicht nötig. Ich habe es Tomasz schon erklärt."

„Ach … wie denn?"

„Ich habe mit den Schachfiguren einen Festzug aufgebaut, auf dem Kalender auf den kommenden Sonntag gezeigt und fröhlich getanzt. Und dann habe ich mit den schwarzen Bauern einen traurigen Schluss an den Festzug angehängt."

Jens lacht. „Und du glaubst, er hat das begriffen?"

„Na klar! Nicht Tomasz? Du hast es doch begriffen?"

Tomasz nickt freundlich, aber Jens vermutet, dass er noch nicht einmal die Frage verstanden hat.

*

„Hier muss es sein", sagt Jens zu seinem Großvater. „Haus Nummer vier war da vorne, dann ist das hier sicher Nummer sechs."

„Ist gut", antwortet Horst Montag. „Lass mich hier raus! Du brauchst mich nicht abzuholen. Es ist ja nicht so weit."

Er steigt mit einiger Mühe aus und geht auf die Haustür zu. Jens sieht, wie er mithilfe der Lupe, die er immer in der Jackentasche bei sich trägt, die Klingelschilder liest. Dann scheint er fündig geworden zu sein: Elfriede Henrich. Ehe er den Knopf drückt, schaut er sich zu Jens um und gibt ihm mit der Hand ein Zeichen, dass er weiterfahren soll.

Jens winkt und fährt dann los.

Einige Minuten später parkt er vor dem Haus von Alexander und Pia Reeber und steigt aus. Vom Garten her hört er bereits Stimmen. Also geht er gleich seitlich am Haus vorbei nach hinten.

Alex ist nicht da, weil er arbeiten muss. Aber Pia hat einige Jungen um sich versammelt und erläutert gerade gestenreich ihre Pläne. Die Sache mit dem Motivwagen ist ihr Ding! Da kann sie ihre ganze Kreativität entfalten.

„Hallo, Jens! Willst du auch helfen?"

„Na klar!"

„Diesen großen Handwagen habe ich mir von meinem Onkel geliehen." Sie zeigt auf das uralte Gefährt. Es ist ungefähr drei Meter lang, hat eine lange Deichsel und eine breite Ladefläche, die vorn, hinten und an den Seiten von niedrigen Brettern begrenzt wird. Alle Holzteile sehen brüchig aus und die Metallteile angerostet.

„Früher haben die Leute mit diesem Wagen Eichenrinde aus den Wäldern geholt, habe ich mir sagen lassen. Die hat man zum Gerben von Leder gebraucht. Aber dieses Ding ist bestimmt seit hundert Jahren nicht mehr bewegt worden."

„Man sieht es."

„Wir machen es jetzt erst mal sauber. Und dann müssen wir die Achsen schmieren. Sie quietschen schrecklich. Wenn wir so damit fahren würden, könnte man meinen, wir wollten die Schreie der Zwangsarbeiter damit imitieren."

Eifrig machen sie sich ans Werk. Leon und Markus beginnen damit, den Wagen mit einem Handbesen erst einmal grob von Staub und Spinnweben zu reinigen. Was sie dabei aufwirbeln, setzt sich zum Teil auf ihren Hemden und in ihren Haaren ab.

Pia hantiert derweil mit Latten und Draht. Es soll ein Gerippe entstehen, das mit Stoff bespannt und mit Schaumstoff beklebt den Tunnel darstellen soll. Louis und Eric helfen dabei. Sie versuchen, ein im Zickzack gebogenes Stück Draht, das sie aus einem Maschendraht für den Hühnerhof herausgezogen haben, mit Hammer und Zange zu strecken.

Olli hat eine andere wichtige Aufgabe: Er schaukelt den Kinderwagen, in dem das Baby liegt, damit es die konzentrierte Arbeit der anderen nicht mit Geschrei stört.

„Jens", sagt Pia, „du könntest mal sehen, wo du etwas bekommst, mit dem wir den Wagen schmieren können."

„Okay. Ein kleiner Tipp, wo ich –"

„Frag mal beim Bauern Kromm. Mit einem schönen Gruß von mir. Der muss doch seine Landmaschinen auch mit irgendetwas schmieren."

„Mache ich. Seid inzwischen schön fleißig! Und wundert euch nicht, wenn es eine Weile dauert. Ich muss noch Hektor versorgen, den Hund von Herrn Stoll. Das habe ich ihm versprochen."

„Dem Hektor?"

Jens lacht. „Nein, dem Hugo natürlich."

*

„Kennen Sie mich noch?"

Elfriede Henrich schaut Horst Montag zwei Sekunden lang an, dann schüttelt sie den Kopf.

„Sollte ich?"

„Ich bin Horst Montag."

In ihrem Gesicht steht zwar ein Ausdruck des Erkennens, aber sie wirkt nicht, als sei ihr ein Licht aufgegangen, sondern es scheint, als hätte sich ein Schatten darübergelegt.

Wortlos tritt sie etwas zur Seite und macht mit dem Kopf eine kurze Bewegung, die wohl eine Aufforderung sein soll, hereinzukommen. Horst tut das schweigend und setzt sich behäbig auf den Stuhl, den sie ihm zeigt.

Nachdem Elfriede Henrich sich auch gesetzt hat, fragt sie: „Warum kann die Vergangenheit nicht einfach vergangen bleiben, wie sich das gehört?"

„Meinen Sie meinen Besuch?"

„Der ist nur das i-Tüpfelchen. Erst reden alle von dem Tunnel, der wieder in Betrieb genommen werden soll, dann taucht dieser Pole auf, dann wird ein Toter im Tunnel gefunden, dann wird auf Stoll geschossen, der ja auch damals dabei war, und jetzt tauchen Sie auch noch auf."

„Ja, es ist merkwürdig, dass das alles in einer knappen Woche passiert. Teils wohl ein Zufall, teils aber auch so zu erklären, das ein Ereignis das nächste ausgelöst hat."

„Und was machen Sie nun hier?"

„Ich habe mich für eine gute Woche bei Theißen einquartiert …"

„Um alte Wunden aufzureißen?"

Horst wiegt den Kopf hin und her. „Vielleicht ist ja unter den Narben Eiter geblieben. Dann wäre es gut, wenn –"

„Wenn Sie ein schlechtes Gewissen haben, ist das Ihre Sache. Aber versuchen Sie nicht, anderen Leuten ein schlechtes Gewissen zu machen!"

Sie spricht so wütend, dass Horst den Eindruck hat, das schlechte Gewissen sei bei Elfriede längst da, sie leugne es nur noch vor ihm. Oder vor sich selbst?

Elfriede ereifert sich weiter: „Mein Gewissen geht Sie nichts an. Außerdem haben Sie viel mehr Grund zur Reue! Immerhin waren Sie ja der Sturmbannführer. Einer von den Überzeugungsnazis. Mein Otto hat sich der Truppe nur angeschlossen, weil Sie schon hier waren und Leute suchten, und weil so ein unvernünftiger junger Mann sich nur schlecht wehren kann gegen die Faszination von Waffen und Uniformen und dem ganzen Hurra-Gefühl. Und da mein Otto mittlerweile seit fünf Jahren tot ist, geht mich das alles erst recht nichts mehr an."

„Wenn es Sie nichts angeht, warum regen Sie sich dann so auf?"

Elfriede sieht ihn aufgebracht an. „Weil ich vermute, dass Sie Leute suchen, die Ihnen bei Ihrem schlechten Gewissen Gesellschaft leisten. Und dafür will ich nicht zur Verfügung stehen. Machen Sie Ihre Probleme mit sich selber aus! Das tue ich ja auch."

Horst hebt besänftigend die Hände. „Ich muss Ihnen widersprechen, Frau Henrich. Ich will nicht meine Selbstvorwürfe auf möglichst viele verteilen. Dadurch würde die Last nicht geringer. Eher suche ich Hilfe, indem ich andere um Vergebung bitte."

„Reichlich spät."

Horst nickt. „Reichlich spät, ja. Die meisten, an denen ich schuldig geworden bin, leben nicht mehr oder sind nicht zu erreichen. Nur mit einem konnte ich sprechen, mit Jakob Rosenfeld."

Elfriede zuckt mit den Schultern. „Kenne ich nicht."

„Er wurde unter dem falschen Namen Witold geführt ..."

Elfriede zögert, doch dann sagt sie: „Der Name ist manchmal gefallen. Aber was geht mich das an? Mag sein, dass Otto manchmal brutaler als nötig mit den Zwangsarbeitern umgegangen ist. Aber wer kann schon wissen, was in seiner Seele vorgegangen ist. Und ich war schließlich nur seine Frau, wie Sie wissen. Ich habe die Leute nur von Weitem gesehen."

Horst nickt nur und spielt versonnen mit einem Frühstücksbrettchen, das auf dem Küchentisch liegt. Dann murmelt er, mehr zu sich selbst als zu der alten Frau: „Ein schlechtes Gewissen ist ein gutes Gewissen, und ein gutes ist ein schlechtes."

„Wie? Was soll der Unsinn?"

„Was man allgemein als schlechtes Gewissen bezeichnet, beweist, dass man ein gutes, nämlich ein gut funktionierendes Gewissen hat. Und was landläufig ein gutes Gewissen genannt wird, nämlich dass man meint, sich keine Vorwürfe machen zu müssen, kann in Wirklichkeit ein schlechtes, ein schlecht funktionierendes Gewissen sein. Es erinnert nicht an frühere Fehler und verdrängt sie. Ich rede aus eigener Erfahrung."

Elfriede sieht ihn spöttisch an. „Sie sind wohl auf Ihre alten Tage philosophisch geworden, Herr Sturmbannführer?"

„Philosophisch ist wohl nicht das richtige Wort. Ich weiß auch nicht so richtig, was mit mir geschehen ist, dass ich –"

„Das Alter."

„Wie?"

„Wenn Menschen im Alter auf ihr Leben zurückblicken, dann empfinden wohl manche, dass da was schiefgelaufen ist. Und sie suchen nach Wegen, das zu korrigieren."

„Mit meinem Alter mag es zusammenhängen. Denn immer, wenn ich mit meinen alten Beinen Schwierigkeiten habe, muss ich an die beiden Polen denken, den Alten und den kaum Fünfzehnjährigen, die kaum noch Kraft hatten, die Loren zu ziehen. Es wurde ja damals alles mit Loren transportiert, die auf den Bahngleisen fuhren. Und wenn ich schlecht sehe, muss ich an die Männer denken, die fast nie die Sonne sahen, weil sie den ganzen Tag unter der Erde waren."

„So." Elfriede nimmt ihrem Gegenüber das Frühstücksbrettchen aus der Hand und legt es zur Seite. „Genug geklagt und bedauert! Wenn Sie noch etwas Wichtiges zu sagen haben, sagen Sie es jetzt! Und dann tun Sie mir einen Gefallen und lassen mich allein."

„Darf ich auch noch zwei Dinge sagen?"

„Meinetwegen."

Horst nickt bedächtig und erklärt dann: „Erstens: Ich bin auch gekommen, weil ich von Hugo Stoll erfahren habe, dass er sich bemüht hat, die Ereignisse von damals beim Heimatfest in Erinnerung zu rufen. Doch man hat ihn abgewiesen. Das kann ich überhaupt nicht nachvollziehen. Es ist doch –"

„Es ist nicht Ihr Heimatfest, Herr Montag, denn Erlbruch ist nicht Ihre Heimat." Elfriede klingt nach wie vor sehr aufgebracht.

„Das stimmt natürlich. Aber ich war einige Zeit hier und werde auch am Sonntag dabei sein. Und als ich hörte, dass Sie im Festausschuss sind, dachte ich, Sie könnten ein gutes Wort einlegen für Stolls Plan."

„Vergessen Sie's!"

„Aber Sie sind damals dabei gewesen. Und Otto."

Doch Elfriede schüttelt nur bestimmt den Kopf. „Ich habe mich schon beim Vorstoß von Hugo dagegen ausgesprochen, und ich sehe keinen Grund, meine Meinung zu ändern."

„Schade!"

„Und zweitens?"

Horst seufzt. „Nun, Sie haben ja von dem Skelett gehört, das man im Tunnel gefunden hat. Ich bin – unter anderem – gekommen, weil ich hoffte, mit Ihrer Hilfe die letzten Tage und Stunden der damaligen Ereignisse zu rekonstruieren. Ich war damals auf dem Absprung und habe keine Ahnung, ob der Mensch, den man tot im Tunnel gefunden hat, schon tot war, als ich ging. Sie und Otto waren auf jeden Fall noch hier, und –"

„Wollen Sie damit sagen, Otto hätte einen der Arbeiter umgebracht?" Elfriede Henrich sitzt ganz ruhig auf ihrem Stuhl, ihre Stimme klingt kalt.

„Nein, das will ich nicht sagen. Ich habe gerade erklärt, was ich will: die letzten Tage und Stunden nachzeichnen."

„Wer sagt überhaupt, dass ein Wachmann einen Arbeiter umgebracht hat? Es kann doch auch –"

„Ich nicht."

Sie lässt sich nicht unterbrechen. „... genauso gut sein, dass einer der Gefangenen in der Verwirrung die Gelegenheit gesehen hat, Rache zu nehmen. Und da hat er einen SS-Mann erschlagen. So einer hätte noch viel mehr Grund gehabt, dem Opfer die Kleidung auszuziehen, um es unkenntlich zu machen. Ein SS-Mann hätte sich die Mühe gar nicht zu machen brauchen. Hat denn niemand durchgezählt? Wurde denn niemand vermisst?"

„In dem Chaos damals, als die Amis nur noch ein paar Kilometer entfernt waren, ist die Ordnung ziemlich verloren gegangen."

„Tja, Herr Montag, ich kann Ihnen leider auch nicht helfen, die verlorene Ordnung wieder herzustellen."

„Ich weiß noch", sagt Horst Montag und schaut auf die alte Tischplatte aus echtem Holz, als müsste er die Maserung zählen, „es war ein kühler aber trockener Tag. Ich bekam keine Befehle von meinen Vorgesetzten. Keine Ahnung, warum nicht. Ob die selbst nicht wussten, was sinnvoll ist? Oder war die Kommunikation technisch irgendwo unterbrochen? Waren am Ende meine Vorgesetzten gar nicht mehr da, sondern schon auf der Flucht? Also habe ich in eigner Verantwortung unsere Truppe aufgelöst. Von der Wehrmacht war nichts zu sehen. Also sah ich keinen Sinn darin, meine paar Männer mit ihren Gewehren gegen die amerikanischen Panzer zu schicken."

„Da waren Sie aber ein schlechter Nazi!"

„Danke für das Lob!"

„Das sollte kein Lob sein."

Schweigen.

Horst blickt still vor sich hin. Doch dann setzt er wieder an: „Was hat Otto denn erzählt, als er zum letzten Mal vom Dienst nach Hause kam?"

„Daran kann ich mich nicht mehr erinnern. Wissen Sie noch, was Sie vor siebenundvierzig Jahren an einem bestimmten Tag gesagt oder gehört haben?"

„Waren damals noch Polen und Ukrainer hier?"

„Keine Ahnung. Es interessiert mich auch nicht."

„Mich aber sehr."

„Dann tut es mir leid, dass ich Ihnen nicht helfen kann. Das wär's dann wohl, oder?"

Horst nickt enttäuscht und steht auf. „Entschuldigen Sie, Frau Henrich, dass ich Sie belästigt habe. Ich wusste ja nicht, dass es eine Belästigung ist. Auf Wiedersehen."

„Muss nicht sein", murmelt Elfriede Henrich und hält ihm die Tür offen.

15

In der Scheune von Bauer Hoffmann bauen sie einen Motivwagen vom Wanderverein. Das heißt, sie wollen ihn bauen. Aber vorher müssen sie sich einigen, was darauf dargestellt werden soll. Und überhaupt muss erst einmal über einiges gesprochen werden.

Zum Beispiel über die jüngsten Ereignisse im Dorf.

„Nicht zu glauben“, sagt Ernst Häfner, der Lebensmittelhändler, sozusagen die Tante Emma von Erlbruch. Er kann allerdings von dem Lädchen auch nur leben, weil er eine Nebenerwerbslandwirtschaft betreibt und seine Frau meistens hinter der Theke steht, die aber nicht Emma heißt, sondern Vera.

„Es ist nicht zu glauben! In unserem friedlichen Dorf wird auf einen Mitbürger geschossen! Wir sind doch nicht in Chicago!“

„Das letzte Mal, dass hier auf Menschen geschossen wurde, war vermutlich im Dreißigjährigen Krieg, als Tillys Kroaten durchs Dorf zogen“, meint Eberhard Kurz, der Geschichtslehrer an einem Gymnasium in Frankfurt ist.

Rolf Winkler, der Bankangestellte, korrigiert ihn: „Du vergisst den Toten im Tunnel. Das war sicher später als der Dreißigjährige Krieg.“

„Wisst ihr, was ich glaube?“, fragt Dachdeckermeister Erwin Redlich. Natürlich wissen sie das nicht, und Erwin weiß auch, dass sie es nicht wissen, aber er hat nun die volle Aufmerksamkeit seiner Zuhörer. „Da sind doch vor ein paar Tagen zwei Polen hier herumgeschlichen, eine Frau und ein junger Mann, und haben nach dem Tunnel gefragt. Der junge Mann soll der Enkel von einem der Zwangsarbeiter sein."

„Ich habe sie auch getroffen, und sie haben mich nach dem Tunnel gefragt", wirft Eberhard Kurz ein.

„Wisst ihr, was ich glaube?", fragt Erwin Redlich wieder. „Der war hier, um Rache zu nehmen! Er hat sich erkundigt, wer damals im Tunnel die Aufsicht geführt hat. Man hat ihm von Hugo Stoll erzählt oder vielleicht hat er den Namen auch noch von seinem Großvater gehört. Und um seinen Opa zu rächen, wollte er nun den Hugo erschießen. Hat nur schlecht gezielt."

„Ich weiß nicht ..." Ernst Häfner wiegt den Kopf. „Hugo galt eigentlich immer eher als Freund der Arbeiter. Er hat sich für sie eingesetzt, soweit das möglich war. Rache wäre eher verständlich bei Leuten von der SS."

„Aber davon gibt es hier keinen mehr, seit Otto Henrich tot ist", gibt Rolf Winkler zu bedenken, der Bankangestellte, der sogar mit einer Krawatte zum Arbeiten gekommen ist.

Doch Ernst Häfner wirft ein: „Ich stimme Erwin zu. Es ist sehr wahrscheinlich, dass der Pole es war. Wäre ein komischer Zufall, dass ausgerechnet jetzt, wo der hier ist, geschossen wird."

„Langsam, langsam!", mahnt Eberhard Kurz. „Noch ist nichts bewiesen."

„Zumindest", meint Erwin, „sollten wir die Polizei auf diese Möglichkeit aufmerksam machen."

„Ja, das sollten wir!“, bestätigt Ernst Häfner.

„Habe ich doch längst getan!“ Rolf Winkler blickt stolz in die Runde.

In dem Moment öffnet sich knarrend und kratzend das große Scheunentor. Zwei alte Männer kommen herein.

„He, Karl!“, ruft Rolf Winkler. „Was willst du denn hier? Du weißt doch, der Bau der Wagen ist geheim. Erst am Sonntag wird das Geheimnis gelüftet.“

„Noch ist ja bei euch nichts zu sehen!“, verteidigt sich der Alte, der Karl Leinmann heißt und nun näher tritt, gefolgt von dem noch etwas älteren Hubert Lamm.

„Wir haben euch einen Vorschlag zu machen.“

„Ach? Na, dann schieß mal los!“ Rolf und die anderen Männer blicken die beiden Alten gespannt an.

„Ihr wisst ja, wir vom Männergesangverein Liedertafel haben immer auch einen Wagen gehabt. Aber in diesem Jahr wird das wohl nichts. Unsere Sänger sterben alle weg und es kommt kein Nachwuchs nach.“

„Kein Wunder“, meint Ernst Häfner, „ihr tretet ja auch kaum noch auf.“

„Eben weil wir nicht genug Sänger haben.“

„Und wenn ihr mal singt, ist es immer dasselbe: O Täler weit, o Höhen.“

Die anderen lachen. Rolf Winkler fängt gleich an zu singen: „O Täler weit –“

„Das ist übertrieben!“, protestiert Hubert Lamm. „Wir haben neulich am Grab von Oskar –“

„Ist doch egal!“, unterbricht Karl. „Jedenfalls sind wir nur noch wenige und mittlerweile so alt, dass wir keinen

Wagen mehr machen können. Und da kam uns die Idee, ob wir uns nicht bei euch anschließen könnten. Einen Wagen gemeinsam für den Wander- und den Gesangsverein."

„Na, hör mal! Wandern und Singen sind zwei verschiedene Dinge. Gut, manchmal singt man beim Wandern. Allerdings heute kaum noch. Und unsere Vereine sind –"

„Ich dacht mir das so, dass ein großes Schild über einer Landschaft ist, und darauf steht: O Täler weit, o Höhen. Das würde dann zu euch und zu uns passen."

„Hm." Ernst Häfner sieht sich unter seinen Kameraden um. Als er leichtes Kopfwiegen beobachtet, aber kein Kopfschütteln, sagt er: „Hm. Das müssen wir mal besprechen."

Das tun sie. Und als sie endlich zu einem positiven Ergebnis kommen, ist es bereits so spät, dass sie mit dem Bau des Wagens nicht mehr anfangen. Aber wenigstens wissen sie nun, wie er ungefähr aussehen soll, und können bis zum nächsten Tag das nötige Material besorgen.

*

Leon Theißen bleibt erschrocken stehen, als er um die Ecke kommt und sieht, wie sein Vater sich mit zwei Polizisten in Uniform unterhält.

Was wollen die denn hier? Er zieht sich hinter die Hausecke zurück. Sie stehen nicht weit weg, sodass Leon verstehen kann, was sie reden, wenn er die Ohren spitzt.

„Ja, der wohnt hier“, sagt sein Vater gerade. „Wie der heißt, weiß ich nicht. Aber ich kann natürlich nachsehen. Er ist ordentlich eingetragen. Was wollen Sie denn von ihm?“

„Ihn sprechen.“

„Hat er was verbrochen?“

„Dazu können wir nichts sagen.“

„Er ist aber krank. Er hat eine Gehirnerschütterung. Da er liegen soll, aber hier nicht zu Hause ist, hat ein anderer Gast von uns für ihn bezahlt, damit er hier ein Bett hat.“

„Was wir ihn fragen wollen, wird vermutlich sein Gehirn nicht noch mehr erschüttern. Bitte führen Sie uns zu ihm!“

Leon rennt so schnell er kann die Treppe hinauf und stürzt ohne anzuklopfen in Tomasz’ Zimmer.

„Komm schnell mit, Tomasz! Die Polizei sucht dich!“

Tomasz hat am Fenster gestanden und die Uniformierten gesehen. Darum ahnt er, was Leon von ihm will. Geht es darum, dass er unrechtmäßig in den Tunnel eingedrungen ist und dabei das Schloss zerstört hat? Für so was kommen gleich zwei Beamte?

Aber er überlegt nicht lange. Er ist angezogen, hat nur noch keine Schuhe an. Die schnappt er sich und folgt Leon. Der führt ihn hinüber in den alten Teil des Hauses und bringt ihn in sein eignes Zimmer. Erst als Tomasz da angekommen ist, geht ihm der Gedanke durch den Kopf: *Ist es richtig, dass ich davonlaufe? Sollte ich nicht zu meinen Fehlern stehen?*

„Bleib erst mal hier!“, sagt Leon und versucht, seine

Botschaft mit Zeigefingern klarzumachen. „Später, wenn sie weg sind, kannst du wieder zurück. Notfalls kannst du dich auch im Wald verstecken. Ich weiß da einige geeignete Plätze."

Leon ist ganz aufgeregt. Das ist ja ein richtiges Abenteuer! Und die Frage, auf wessen Seite er stehen sollte, stellt er sich gar nicht. Klar, dass er zu Tomasz hält! Egal, was die von ihm wollen – er wird seinen neuen großen Freund verteidigen. Zumal der sich ja wegen seiner Sprache gar nicht wehren kann.

„Ich will mal nachsehen, was sie jetzt machen. Keine Angst, hier suchen sie dich bestimmt nicht."

Er lässt den etwas ratlosen jungen Mann zurück und geht hinüber in den Hoteltrakt. Die Polizisten stehen mit seinem Vater zusammen in Tomasz' Zimmer vor seinem ungemachten Bett.

„Na ja", sagt einer der Polizisten gerade, „es eilt ja nicht so, dass wir nun nach ihm suchen müssten. Oder ihn gar zur Fahndung ausschreiben müssten. Es geht nur darum, etwas zu überprüfen, was uns jemand zugetragen hat. Wenn er wieder da ist, soll er sich bei uns melden."

Der andere korrigiert seinen Kollegen. „Oder Sie rufen uns an, dann kommen wir noch mal her und befragen ihn."

Herr Theißen sagt: „Das dürfte allerdings nicht so einfach sein, da er kein Wort Deutsch spricht. Haben Sie einen Übersetzer?"

„Nein. Hm. Spricht er Englisch?"

„Das weiß ich leider nicht."

Der erste Beamte ergreift wieder das Wort. „Sagen Sie, Herr …“

„Theißen.“

„Herr Theißen, können Sie sagen, wo der junge Mann aus Polen gestern Nachmittag gewesen ist?“

Herr Theißen zuckt mit den Schultern und zeigt auf das ungemachte Bett. „Na hier vermutlich. Ich habe ihn zwar nicht in seinem Zimmer besucht, aber er ist ja krank. Jetzt wohl nicht mehr so richtig, aber gestern …“

„Könnte sonst jemand bestätigen, dass er hier war? Wenn ja, dann würde sich eine Befragung erübrigen.“

„Ich kann mal meine Frau und meine Mitarbeiterin fragen. Oder auch die anderen Gäste. Wenn Sie mir bitte hinunterfolgen wollen.“

Die drei Männer gehen zur Treppe und Leon eilt in sein eigenes Zimmer zurück.

„Tomasz, gestern – also, der Tag vor heute, nachmittags…“ Wenn er nur wüsste, was gestern Nachmittag auf Polnisch heißt! „Ach, lassen wir das!“ Er winkt ab und Tomasz versteht, dass es wohl nicht so wichtig war. Dann zeigt Tomasz auf das Schachspiel und Leon nickt.

*

In Bauer Kromms Scheune basteln sie an einem anderen Motivwagen. Er soll an die große Zeit von Erlbruch als Filmmetropole erinnern. Das originale Kanu, das im Film voll mit entschlossen dreinblickenden Indianern besetzt gewesen war – einer davon Bauer Kromms Sohn –, steht schon auf dem Hänger, den Kromms

Traktor dann ziehen soll. In dem Kanu sollen einige mit Federn geschmückte Statisten sitzen und in der Luft paddeln. Hinten im Wagen erinnern einige Styroporblöcke an die Felswand im alten Steinbruch.

Vor der Szene ist eine große Kamera aus Holz aufgebaut. Theo Bachmanns Sohn wird die Aufgabe haben, dahinterzuhocken, den Kameramann zu spielen und an einer Kurbel zu drehen.

„Ich weiß nicht …", brummelt Paul Ackermann, der als Friseur die falschen Indianer mit langen schwarzen Perücken auszustatten versprochen hat.

„Was weißt du nicht?", fragt Theo Bachmann, der von Beruf Notar ist.

„Das sieht zwar alles originell aus. Aber irgendwie …"

„Ja, wie denn?", drängt Theos Sohn Andi. Er freut sich auf seine Rolle als Kameramann. Sein jüngerer Bruder ist Eric, der Jungscharler. Die Trennung zwischen den Fanklubs geht teilweise mitten durch die Familien.

Paul Ackermann sagt endlich, was ihm zu schaffen macht: „Der Wagen wirkt eher wie ein Wagen aus dem Kölner Karneval. Aber er soll doch mehr … – wie soll ich sagen? Er soll unser Dorf mit seiner Geschichte *seriös* darstellen. Zwar auch fröhlich, klar, aber … versteht ihr, nicht ernst, aber ernsthaft."

„Hast du was gegen Karneval?", fragt Kromm.

„Nein, ganz und gar nicht. Aber unser Heimatfest ist etwas anderes."

Meta Schreiber, die bei Ackermann gelernt hat, aber jetzt, wo sie zwei Kinder hat, nur noch aushilfsweise als

Friseurin arbeitet, meint: „Ich finde, der Chef hat recht. Es soll nicht zu sehr nach Klamauk ausschaun."

„Was ist Klamauk, Mama?", fragt ihre achtjährige Tochter, die Meta mitbringen musste, weil ihre Oma sich geweigert hat, auf beide Mädchen aufzupassen – eins sei genug. Aber die Frage wird von Meta und allen anderen Anwesenden ignoriert.

Doch die Kleine lässt nicht locker. „Mama, was ist Klamauk?"

„Ach Kind – zum Beispiel, als ihr Gespenster gespielt habt mit Betttüchern und Knochengerippe und …"

„Apropos Knochen und Gerippe", sagt Theo Bachmann, „habt ihr gehört, dass sie im Tunnel ein Gerippe gefunden haben?"

„Klar! Weiß doch jeder."

„Ich glaube nicht", meint Paul Ackermann, „dass da einer von den Wachleuten einen Arbeiter erschlagen hat. Anscheinend meinen das sonst alle."

„Ich auch", meint Meta Schreiber. „Ist doch wahrscheinlich. Wie soll es denn sonst gewesen sein?"

„Dass einer von den Arbeitern einen Bewacher umgebracht hat."

Theo Bachmann wirft ein: „Wie sollte das denn gehen? Die SS-Männer waren alle bewaffnet. Und die Gefangenen waren ausgehungert und geschwächt."

„Mit List vielleicht. Mit Hinterlist", schlägt Meta vor.

„Unsinn!", meint ihr Chef. „Die waren sicher froh, dass sie endlich da rauskamen. Da werden sie sich nicht noch zusätzlich Probleme aufgehalst haben."

„Hast du eine Ahnung, wozu Hass und Rachegefühle fähig sind?"

„Und warum bist du so sicher, dass kein SS-Mann der Mörder war?", fragt Bauer Kromm.

„Mörder! Wenn es im Kampf geschehen ist, kann man es nicht Mord nennen."

„Im ehrlichen Kampf zwischen einem Bewaffneten und einem hilflosen, geschwächten Gefangenen?"

Theo wirft ein: „Streitet euch nicht! Vielleicht kriegen sie noch raus, wie es war. Vorher ist es unnötig, sich den Kopf darüber zu zerbrechen. Oder gar die Köpfe einzuschlagen."

Meta nickt. „Ich muss jetzt sowieso heim."

„Och, Mama, lass uns doch noch ein bisschen Klamauk machen!", bittet ihre Tochter.

„Ich muss deine Schwester bei Oma abholen. Die muss ins Bett."

„Lisa? Oder Oma?"

„Beide. Komm, wir gehen!"

Als das Scheunentor zugefallen ist, schlägt Paul Ackermann vor: „Vielleicht sollten wir wenigstens bei der Kamera die Kurbel weglassen. Denn so eine Kurbel gab es ja nun wirklich nicht in den Siebzigerjahren."

„Och …", murrt Andi.

Und Theo wirft ein: „Es ist doch sowieso alles übertrieben und lustig. Ich finde, wenn schon, dann auch richtig."

Doch da sie sich nicht einigen können, wird die Entscheidung erst einmal vertagt.

*

Elfriede Henrich öffnet das Fenster und ruft hinaus: „Jannik, kommst du mal zu mir rein?"

Jannik schaut zu ihr hinüber und legt dann seinen Ball auf den Boden. Er war in den letzten Minuten nicht sehr erfolgreich darin, ihn in den Korb zu werfen, der über dem Garagentor angebracht ist.

Als er Omas Wohnung betritt, spürt er, dass irgendetwas nicht so ist wie sonst. Oma ist ungewöhnlich ernst.

„Setz dich!"

Ob es mit dem Dachboden zu tun hat? Eine Beklemmung legt sich auf ihn. Er hat schon ein „Ist was?" auf der Zunge, aber dann denkt er, dass es besser ist, erst mal abzuwarten.

Oma setzt sich auf den Stuhl ihm gegenüber und sieht ihn einige Augenblicke schweigend an.

„Du warst auf dem Dachboden, oder?"

Keine Frage, ob überhaupt. Nur die Feststellung, dass es so war. Da ist nichts zu leugnen. Es käme doch heraus.

„Ich wollte ... also ... weil Herr Stoll gesagt hat, mein Opa hätte vielleicht auch so einen Propeller ..."

„Was Herr Stoll sagt, ist dir also wichtiger, als was ich sage?"

„Nein, natürlich nicht, so ist es ja nicht ..."

„Sondern?"

„Ich weiß, du hast gesagt, ich soll nicht auf dem Dachboden rumkriechen. Aber ich wollte ja nur gucken, ob da ein Propeller liegt."

„Und als da keiner lag, hast du Opas Kiste aufgemacht. Obwohl da so ein großer Propeller gar nicht reinpasst."

„Ja, das stimmt. Ich habe da gar nicht drüber nachgedacht. Woher weißt du denn …?"

„Ein kurzer Blick in die Kiste hat mir gezeigt, dass da jemand drin gewühlt hat. Und als ich genauer nachgesehen habe, fehlte etwas."

Jannik betrachtet eingehend seine Fußspitzen und murmelt: „Die Pistole."

„Die Pistole, genau. Und wo ist die jetzt?"

„Ich habe sie im Wald versteckt. Vergraben."

„Und vorher, bevor du sie versteckt hast, hast du damit geschossen?"

Jannik schluckt und nickt kaum merklich.

„Du warst es also, der auf Herrn Stoll geschossen hat! Da bin ich aber jetzt auf eine Erklärung gespannt. Hast du auf ihn geschossen, weil er dir keinen Propeller gegeben hat?"

„Nein, nein, das war ganz anders, Oma! Ich hab ja nicht auf ihn gezielt. Ich wollte … also sein Hund, der große Schäferhund, der kam auf mich zu und wollte mich angreifen."

„Red keinen Unsinn! Der Hektor ist ganz friedlich und hat noch nie jemanden angefallen."

„Doch, Oma! Glaub's mir! Der kam ganz wütend auf mich zu! Da musste ich doch … Es war sozusagen Notwehr. Aber ich habe ihn gar nicht getroffen."

„Sondern den Hugo Stoll."

„Ja, weil der in der Schussrichtung … Aber er war weit dahinter."

„Und dann?“

„Er hat mich nicht sehen können. Da bin ich abgehauen.“

„Und hast den alten Mann verletzt da liegen gelassen?“

„Es waren ja noch andere da. Zwei Männer.“

„Und der Hund? Hat er dich doch nicht angegriffen, obwohl du ihn verfehlt hast?“

„Nein, der ist zu seinem Herrchen zurückgelaufen.“

Elfriede Henrich schüttelt den Kopf. „Es ist nicht zu fassen! Nicht zu fassen! Ein Fünfzehnjähriger wühlt verbotenerweise in andrer Leute Sachen, stiehlt eine Pistole, ballert damit rum und trifft auch noch einen Menschen! Und lässt ihn dann einfach verletzt liegen, um sich aus dem Staub zu machen! Es ist nicht zu fassen!“

„Tut mir leid, Oma“, nuschelt Jannik.

„Morgen holst du die Pistole aus dem Versteck und bringst sie mir zurück!“

„Okay Oma, mache ich. Und … sagst du nichts Mama und Papa?“

„Hm.“ Das ist ein undefinierbares Geräusch, das Jannik optimistisch als Zustimmung deutet.

„Und dem Herrn Stoll? Oder der Polizei?“

Seine Oma sieht ihn lange an. Dann sagt sie: „Es ist dir doch klar, dass dich das in erhebliche Schwierigkeiten bringt, wenn das bekannt wird? Ich will dich aber nicht in Schwierigkeiten bringen. Und mich auch nicht. Darum bleibt die Sache unter uns.“

„Danke, Oma.“

„Unter einer Bedingung.“

„Welcher Bedingung?"

„Du berichtest mir genau, was du in der Kiste gefunden hast. Und welche von den Papieren du gelesen hast. Aber ganz ehrlich!"

„Papiere? Ich habe keine Papiere gesehen."

„In so einer braunen Mappe aus Leder."

„Lag die auch in der Kiste?"

„Ja."

„Dann habe ich sie wohl nicht bemerkt. Mir ist gleich die Pistole aufgefallen."

„Ganz ehrlich?"

„Ich schwöre es." Seine Oma glaubt ihm. Nicht weil er schwört, sondern weil er so reumütig aussieht.

„Na gut. Dann verschwinde jetzt! Und morgen holst du die Pistole zurück. Und lass dich von niemandem dabei beobachten, hörst du!"

„Nein, ich passe auf."

Seine Oma schaut ihn prüfend an. „Woher wusstest du überhaupt, wie man damit umgehen muss?"

Jannik zuckt mit den Schultern. „Ich hab's einfach ausprobiert."

„Aha." Seine Oma wirkt nicht gerade begeistert.

„Oma?"

„Was ist noch?"

„Was sind denn das für Papiere?"

„Das geht dich gar nichts an!"

16

FREITAG, 10 JULI 1992

„So, da bin ich wieder, Hektor“, sagt Jens. „Dein Ersatzherrchen. Hast du dich gelangweilt, so ganz alleine?“

Hektor lässt ein kurzes, aber freundliches Bellen hören.

„Herrchen hat mir gesagt, wo ich dein Lieblingsfutter finde. Und außerdem habe ich dir aus Theißens Hotelküche noch ein paar leckere Sachen mitgebracht.“

Hektor ahnt wohl schon so etwas, denn er schnüffelt neugierig an der Tasche, die Jens in der Hand hält.

„Aber dass das klar ist, Hektor!“ Jens hebt den Zeigefinger. „Das ist eine absolute Ausnahme! Nur als Trostpflaster sozusagen, weil Herrchen im Krankenhaus liegt und du mit mir vorliebnehmen musst.“

Hektor scheint sich damit zufriedenzugeben. Vielleicht ist er sich auch nicht darüber klar, was eine Ausnahme ist. Er lebt nur für den Augenblick und das bedeutet in diesem Fall: Er stürzt sich mit Begeisterung auf sein Extrafutter.

„Braver Junge, das hast du gut gemacht“, führt Jens die etwas einseitige Konversation fort, „wie du gleich zu deinem Herrchen gerannt bist, als er vor Schmerzen geschrien hat. Du bist schon ein liebes, treues Tier, und deinem Herrn ganz ergeben.“ Er streichelt den Rücken des Hundes, während der schwanzwedelnd sein Futter verspeist. „Ja, doch, das stimmt, Hektor! Mir fällt dabei ein, dass ich meinem Herrn nicht immer so treu bin. Es gibt Phasen …" Jens ist in ein leises Selbstgespräch verfallen, „Phasen, da bin ich richtig glücklich über meinen neuen Herrn, der mich liebt, der mir vergibt, der meinem Leben Sinn gibt. Der mir überhaupt ein neues Leben geschenkt hat. Aber dann gibt es auch Phasen, wo ich kaum an ihn denke, wo ich eigene Interessen verfolge, wo ich … Entschuldige, Hektor. Das wird dich wohl kaum interessieren."

Er klopft dem Tier auf den Hals, was dieses aber kaum beachtet.

„Wie gut, dass du nicht reden kannst, Hektor! Warum? Weil Nichtchristen es wahrscheinlich albern fänden und Christen würden vermutlich sagen, dieser Vergleich Hund – Mensch und Mensch – Gott sei blasphemisch. Also gut, dass ich mich auf deine Verschwiegenheit verlassen kann."

Jens geht ins Haus, um Hektors Trinkgefäß mit Wasser zu füllen.

Während er am Wasserhahn steht, hört er plötzlich lautes, wütendes Bellen. Er rennt ans Fenster und sieht hinaus.

Hektor ist bis an den Zaun gesprungen, hat sogar seinen noch halb vollen Fressnapf stehen lassen, lehnt die Vorderpfoten an die Zaunlatten und bellt sich die Seele aus dem Leib.

Auf der anderen Seite steht ein Junge, ein Teenager. Wieso macht der den Hund so wütend? Hektor nimmt doch sonst kaum Notiz von Leuten, die auf der Straße vorbeigehen.

Der Junge bleibt einen Augenblick stehen und kommt dann näher. Er weiß ja, der Hund kann nicht über den Zaun. Jetzt steht der Teenager drei Schritte vor Hektor, nur durch den Zaun gesichert, und hebt die Hand mit gestrecktem Zeigefinger, um eine Pistole anzudeuten, imitiert mit dem Mund einen Schuss – „Peng!“ – und geht weiter.

In Jens' Kopf bildet sich eine Gedankenkette. Erstens: Zwischen dem Jungen und dem Hund scheint eine intensive Feindschaft zu bestehen. Zweitens: Weil Hektor ein liebes Tier ist, muss der Junge ihn vorher geärgert haben – vielleicht immer, wenn er hier vorbeikam und der Hund ihm nichts tun konnte. Drittens: Vorgestern trafen sich der Junge und der Hund zufällig und es war kein Zaun dazwischen. Viertens: Dieser Typ hatte eine Pistole – woher auch immer – und hat auf Hektor geschossen, dabei aber Hugo Stoll getroffen.

Im Nu ist Jens wieder auf dem Hof, kettet Hektor vorsichtshalber an, schließt sorgfältig ab und folgt dem Jungen. Der hat schon einigen Vorsprung, aber Jens kann ihn noch sehen und hält sicheren Abstand.

Sie verlassen das Dorf.

Wo will er hin? Jungen in dem Alter pflegen nicht einsame Spaziergänge zu machen.

Sie kommen zum Wald. Als der Verfolgte den Weg verlässt und zwischen Bäumen und Büschen verschwindet, muss Jens näher heran, um den Anschluss nicht zu verlieren.

Als er sieht, wie der Junge stehen bleibt und sich umsieht, duckt er sich schnell hinter Farnkräuter.

Der Junge scheint sich unbeobachtet zu fühlen. Er gräbt mit einem Stock und dann mit den Händen die Erde auf. Es dauert nicht lange, da kommt er aus der Hocke hoch und hat eine Plastiktüte in den Hand. Etwas Schweres scheint darin zu sein. Etwa eine Pistole?

Der Teenager geht zurück, von Jens verfolgt. Er scheint jetzt aber die Wege vermeiden zu wollen und bleibt zwischen den Bäumen.

Da Jens sich hier nicht auskennt, hat er nur eine schwache Vorstellung, was das Ziel ist. Nach dem Stand der Sonne ist er aber offenbar auf dem Rückweg nach Erlbruch.

Irgendwann dringt über dem Vogelzwitschern und anderen Geräuschen des Waldes Motorgebrumm an Jens' Ohr. Das Geräusch schwillt an und ab.

Als Jens kurz nach dem Jungen aus dem Wald tritt, sieht er, wo sie sind. Vor ihm, etwas unterhalb, ist der Eingang zum Tunnel. Der Radlader, der schon in den letzten Tagen dort stand, fährt hin und her und schiebt Erde zur Seite. Vier Arbeiter sind mit Hacken und Schaufeln beschäftigt. Offenbar arbeiten sie nicht am Tunnel selbst, sondern davor. Vielleicht soll späteren Baufahrzeugen die Zufahrt zu dem Einschnitt im Gelände, an dessen Ende der Tunnel beginnt, erleichtert werden.

Der Junge sieht den Arbeitern eine Weile zu. Vielleicht überlegt er, ob er den Ort umgehen soll. Aber dann kommt er offenbar zu der Ansicht, dass ihn sicher niemand wegen einer Plastiktüte ansprechen wird, und steigt den Hang hinunter.

Jens ist inzwischen seitlich davon auch hinuntergestiegen. Beide kommen gleichzeitig auf der ehemaligen Bahntrasse an.

Jens geht auf den Jungen zu. „Hallo!"

„Hallo", antwortet der zurückhaltend.

„Du hast doch hoffentlich keine Pilze in deiner Plastiktüte? Die soll man nämlich in einem Korb transportieren."

Der Gefragte schüttelt den Kopf. „Nein … ich …"

„Was hast du denn sonst da aus dem Wald mitgebracht?"

Es gelingt dem Jungen nicht, seine Nervosität zu verbergen. „Nichts."

„Nichts? Das kann nicht sein. Das sieht ziemlich schwer aus. Ein Nichts wäre leichter."

„Das … das geht dich nichts an!"

„Lass mal sehen!"

Jens tritt auf ihn zu und streckt die Hand nach dem Beutel aus. Doch der andere presst ihn vor die Brust und funkelt Jens zornig und zugleich ängstlich an.

„Ich gebe dir einen guten Rat", sagt Jens, „mach nicht alles noch schlimmer!"

„Wieso? Warum schlimmer? Was willst du überhaupt?"

Jens greift blitzschnell zu, um den Beutel zu packen, aber Jannik springt einen Schritt zurück.

Inzwischen sind die Arbeiter näher gekommen, die den Streit mitbekommen haben. Auch der Fahrer des Radladers ist von seinem Fahrzeug gestiegen.

Die Männer um ihn herum machen Jannik nervös. „Was wollen Sie von mir?", kreischt er.

Als Jens wieder auf ihn zutritt und den Beutel greifen will, zieht Jannik die Pistole heraus und bedroht ihn damit. Jens schreckt zurück.

„He! Steck das Ding weg!“, ruft einer der Arbeiter. Ein andrer sagt: „Das ist doch nur ein Spielzeug, stimmt's?“

Aber Jannik hält die Pistole hoch und schießt in die Luft.

„Bist du verrückt, Junge? Leg das Ding weg!“

„Erwin, ruf die Polizei!“, sagt einer.

Sie öffnen den Kreis etwas, Jannik geht langsam hinaus und lässt Jens und die Arbeiter stehen. Dann beschleunigt er seinen Lauf. Jens sieht, wie er vor dem Eingang zum Tunnel stehen bleibt und sich umsieht. Weiß er nicht weiter? Vielleicht wäre er besser zur anderen Seite gelaufen, aber er hat eben instinktiv die Richtung gewählt, die sich anbot, weil da eine Lücke im Kreis der Männer war.

Was soll Jens nur tun? Er sieht sich um und plötzlich kommt ihm eine Idee. Er eilt zum Radlader und klettert hinauf, der Motor läuft noch. Es ist das gleiche Modell, das er schon einmal gefahren ist. Vertraut mit den Hebeln und Knöpfen legt er den Gang ein und fährt auf Jannik zu.

Der erschrickt. Ohne zu überlegen hebt er die Pistole und richtet sie auf Jens im Führerhaus. Aber da fährt dieser schon die breite Ladeschaufel hoch.

Jannik gerät in Panik. Er schießt. Aber die Kugel fliegt gegen den dicken Stahl der Schaufel und verursacht ein halb schepperndes, halb klingendes Geräusch.

Als Jannik das Gefährt immer näher kommen sieht, weicht er zurück. Er kann nicht mehr seitlich die Böschung hinauf, weil es da zu steil ist. Also flieht er in den Tunnel.

Damit sitzt er in der Falle, denn Jens fährt hinter ihm her. Er ist zwar nicht schneller, aber er füllt fast den ganzen Gang aus, sodass Jannik gezwungen ist, weiter in den Tunnel hineinzufliehen.

Es wird dunkler, aber Jens schaltet das Licht an.

Jetzt hält er das Fahrzeug an und schaltet den Motor aus, damit Jannik verstehen kann, was er ruft.

„Ey, bleib stehen! Und wirf die Pistole weg!"

Jannik hält tatsächlich an und dreht sich um. Aber die Waffe behält er in der Hand. Wahrscheinlich kann er gar nichts sehen, weil die Scheinwerfer ihn so blenden.

„Lass die Pistole fallen! Sei vernünftig! Soll ich dich durch den ganzen Tunnel bis Intringen jagen? Das sind über vier Kilometer!"

Jannik zögert, doch dann gibt er auf. Zuerst sinken seine Schultern herab, dann lässt er die Waffe fallen.

Erleichtert steigt Jens von dem Baufahrzeug und geht im Kegel der Scheinwerfer auf Jannik zu. „Es bringt doch nichts, davonzulaufen! Das macht alles nur noch schlimmer!"

Jetzt ist er bei ihm und hebt die Pistole auf. „Wie heißt du denn?"

„Jannik", sagt der, und dann fängt er an zu weinen. Das Weinen wird immer stärker. Schließlich zieht Jens ihn an sich und beruhigt ihn. „Ist ja gut, Jannik! Es ist vorbei. Beruhige dich! Allerdings wirst du jetzt noch der Polizei Rede und Antwort stehen müssen. Woher hast du überhaupt die Pistole?"

„Die … meine Oma …", schluchzt er.

„Ist gut, Jannik, du musst es mir jetzt nicht erzählen. Jetzt gehen wir erst mal hier raus."

Inzwischen sind die Arbeiter hinterhergekommen.

„Mannomann", sagt einer von ihnen. „Das war ja ein Ding!"

„Ganz großes Kino!", murmelt ein anderer.

„Quatsch!", sagt ein Dritter. „Das war kein Kino, das war wirklich."

Jens fragt einen: „Sie sind der Fahrer, nicht wahr?" Es ist bei dem grellen Licht von vorn schwierig, die Gesichter zu erkennen. „Fahren Sie den Lader wieder zurück? Ich traue mich nicht, rückwärts … Entschuldigung, dass ich ihn einfach genommen habe, ohne zu fragen."

Der Mann weiß nicht so recht, was er sagen soll. „Okay", meint er dann, was sich sowohl auf die Entschuldigung beziehen kann, als auch auf die Aufforderung, nun das Steuer zu übernehmen. Er steigt auf und fährt rückwärts aus dem Tunnel. Die anderen Männer und Jens mit Jannik folgen ihm bis zum Ausgang.

Es dauert noch etwa zwanzig Minuten, bis die Polizei kommt. So lange sitzt Jens neben Jannik im Gras. Der hat sich so weit gefasst, dass er nicht mehr weint. Er erzählt Jens sogar alles, was er wissen will.

Dann endlich ist die Polizei da. Die Beamten lassen sich informieren, was passiert ist, einer nimmt Jannik am Arm, der sich auch gar nicht wehrt, der andere nimmt die Pistole.

„Du …", sagt Jannik, ehe er ins Polizeiauto steigt.

„Ich heiße Jens."

„Sagst du meinen Eltern, und vor allem meiner Oma, … dass es mir leidtut? Sag ihnen das!“

Der eine Polizist wendet ein: „Es ist unsere Aufgabe, deine Eltern zu informieren.“

„Aber dass es mir leidtut, das soll er sagen!“

Dann wird die Autotür zugeworfen und die Polizisten fahren mit Jannik davon.

Jens und die Arbeiter schauen ihnen nach. Es dauert eine Weile, bis die Männer wieder ihre Arbeit aufnehmen.

*

Das Gerücht von den Ereignissen verbreitet sich in Windeseile im ganzen Dorf. Einige Neugierige waren, von den Schüssen und dann von der Polizeisirene angelockt, zum Ort des Geschehens geeilt. Sie hatten den Schluss beobachtet und sich den Rest von den Arbeitern erzählen lassen. Die machten die Dinge noch etwas dramatischer, als sie waren, und die Überbringer der Nachrichten legen nun auch noch eine Schippe drauf.

Jens sieht zunächst nach Hektor. Da ist alles in Ordnung. Doch ehe er zum Gasthaus kommt, läuft ihm bereits Lena entgegen.

Was die beiden bisher vermieden hatten, ist nun in dieser Situation fast selbstverständlich: Lena umarmt Jens. „O Jens! Wenn er dich erschossen hätte!“

„Hat er aber nicht! Beruhige dich, Lena!“ Er hält sie länger umschlungen als eigentlich nötig, aber dann lösen sie sich voneinander. Da sieht Jens, dass Lena Tränen über die Wangen laufen, eine rechts und eine links. Er nimmt ihr Gesicht in die Hände und wischt die Tränen mit den Daumen weg.

Lena schnieft. „Ich habe ja schon gesagt, dass du ein Held bist. Aber ehrlich gesagt, wäre es mir lieber, du würdest auf solche Heldentaten zukünftig verzichten."

„Ach, Lena! Das war doch keine Heldentat! Es ergab sich einfach so. Und es war auch gar nicht gut."

„Nein, aber es ist gut ausgegangen. Gott sei Dank!"

„Das meine ich nicht.

„Wieso? Was meinst du denn?"

Da sie mitten auf der Straße stehen und alle Leute, die vorbeigehen, ihnen lächelnd zunicken und sie grüßen wollen – anscheinend weiß das ganze Dorf inzwischen Bescheid –, zieht Jens Lena etwas zur Seite in einen Fahrweg zwischen einer Scheune und einem Kuhstall.

„Weißt du, ich habe gemerkt, wie viel noch in mir ist, das nicht zu meinem Christsein passt."

„Was meinst du? Es war doch nicht verkehrt ..."

„Was ich getan habe – nun, da kann man wohl verschiedener Meinung sein, ob das richtig oder falsch war. Aber was ich gedacht habe ... Als Jannik mit der Pistole gedroht hat – so ein unreifer Junge –, da habe ich solch eine Wut gekriegt! Dass ich mich in die Maschine gesetzt und ihn in den Tunnel getrieben habe – das war nur Zorn. Ich hätte auf die Polizei warten sollen."

„Ja, das stimmt!"

„Und als ich ihn im Tunnel vor mir hertrieb, da war so ... wie soll ich das beschreiben? Da war der Triumph des Jägers, des Siegers in mir. Ehrlich gesagt, auch die Wut, dass er mich mit seiner Waffe zum Schwächeren gemacht hatte. In meiner Wut hätte ich ihn am liebsten angefahren und auf die Schaufel genommen. Dann erst – Gott sei Dank – hab ich gemerkt: Was machst du da eigentlich? Wie kannst du als Mann Gottes auf einen anderen Menschen so wütend sein, dass du ihn am liebsten ..."

Er schweigt. Und Lena schweigt eine Weile mit.

Dann sagt sie: „Glaub mir, Jens, solche Wut-Gedanken wirst du wahrscheinlich nie ganz loswerden. Ich weiß das, weil ich schon länger Christin bin. Aber du wirst lernen, sie unter Kontrolle zu halten."

„Meinst du?" Jens sieht sie hoffnungsvoll an.

Lena nickt und lächelt sanft. „Ja, das meine ich. Und die Vergebung wird dich verändern."

Sie sehen sich eine Weile schweigend an.

„Danke!", sagt Jens leise.

„Wofür?"

Jens zuckt die Achseln. „Dass du da bist. Und überhaupt ..."

„Keine präzise Erklärung", lächelt sie.

„Ich kann meine Gedanken mit dir teilen, die ich sonst niemandem sagen würde. Auch wenn sie manchmal etwas unpräzise sind. Weißt du, was ich noch vor Kurzem für einen Unsinn gedacht habe?"

„Nein. Aber verrat's mir, auch wenn es unpräzise ist."

„Ach, mir fällt grade ein – ich warte noch etwas, bis sich das Unpräzise geklärt hat. Komm, wir gehen!"

Darauf sagt Lena nichts. Sie sieht ihn nur lächelnd an und hält ihm den gespitzten Mund entgegen. Da bleibt ihm nichts anderes übrig als einen schnellen Kuss daraufzusetzen.

17

„Junge, Junge, du machst Sachen!“, sagt Horst Montag kopfschüttelnd. Der alte Mann sitzt in einem Sessel in der Empfangshalle.

Jens lächelt. „Siehst du, es war doch gut, dass ich den Ferienjob beim Bau gemacht habe. Sonst hätte ich gar nicht gewusst, wie man so einen Radlader in Bewegung setzt.“

„Aber wenn du das nicht gewusst hättest, hättest du das riskante Unternehmen gar nicht erst begonnen. Das wäre vielleicht sogar die bessere Lösung gewesen.“

„Wer hat dir denn überhaupt von der Sache erzählt?“

„Alle reden davon. Ich vermute, es war gar nicht so dramatisch, wie erzählt wird. Aber lassen wir es erst mal ruhig dabei, damit ich auf die Heldentat meines Enkels stolz sein kann. Irgendwann später kannst du es mir ja mal genauer erzählen, ohne die Übertreibungen und Ausschmückungen, mit denen sich solch ein Gerücht meistens anreichert.“

Jens lächelt. „Weiß Tomasz auch Bescheid? Er ist ja nun von dem Verdacht entlastet, auf Hugo Stoll geschossen zu haben.“

„Er war eben hier. Aber wie soll man ihm das erklären? Ich glaube, er ist auf dem See. Er hat gefragt, ob er das Ruderboot nehmen kann.“

„Ich habe Herrn Rosenfeld versprochen, dass ich ihn am Sonntag zum Heimatfest abhole. Mit seiner Hilfe werden wir es Tomasz erklären. Und noch genauer notfalls, wenn ich Tomasz am Sonntag wieder zu seiner Arbeitsstelle bringe."

„Übrigens ...", sagt sein Großvater mit leichtem Lächeln. Es sieht aus, als freue er sich auf irgendetwas. „Du könntest mich nachher zum Haus von Reebers fahren. Lena hat mir von euren Plänen mit dem Motivwagen erzählt. Das ist eine großartige Idee, finde ich. Ich möchte mich gern bei den Vorbereitungen beteiligen."

In diesem Moment kommt Leon herein. „Mensch, Jens, stimmt das? Du hast dem Jannik die Pistole weggenommen mit der Raupe? Wahnsinn!"

Jens lächelt. „Erstens war es wohl nicht seine Pistole. Zweitens habe ich sie ihm nicht weggenommen, sondern er hat sie fallen gelassen. Drittens war das keine Raupe, sondern ein Radlader. Das Einzige, was stimmt, war dein letztes Wort: Wahnsinn. Es war wirklich nicht klug, ich hätte der Polizei nicht ihren Job wegnehmen sollen."

„Ich finde, das hast du toll gemacht!"

„Und was du gemacht hast, war auch – nun ja, vielleicht nicht Wahnsinn, aber Unsinn."

„Was ich ...?" Leon schaut ihn erschrocken an.

„Dass du Tomasz versteckt hast. Du hättest dir sagen müssen: Wenn er unschuldig ist, kann er sich doch verhören lassen. Wenn er aber schuldig sein sollte, kann er sowieso nicht auf Dauer weglaufen."

„Ach so. Ja, da hast du wahrscheinlich recht." Leon sieht kurz verschämt zu Boden, doch dann versucht er, sich zu verteidigen. „Aber Tomasz ist ja freiwillig mit mir gekommen. Er ist ja schon erwachsen."

„Aber er hat nicht verstanden, was vorgeht. Na, nun ist es ja gut. Er ist rehabilitiert."

„Wie? Warum ist er halbiert ... oder was?"

„Er ist rehabilitiert. Das heißt, es ist jetzt klar, dass er nicht beschuldigt wird. Weil wir jetzt wissen, wer auf Herrn Stoll geschossen hat."

„Ach so."

Sie sind während des Gesprächs auf die Terrasse gegangen. Jetzt winken sie Tomasz zu, der mitten auf dem See im Ruderboot sitzt und fröhlich zurückwinkt, als er die beiden sieht.

*

Elfriede Henrich nimmt die Ledermappe mit den Papieren aus der Kiste auf dem Dachboden. Sie bläst den Staub herunter und schließt den Kistendeckel. Dann geht sie zur Treppe, schließt die Dachbodentür hinter sich zu und steigt langsam und stöhnend hinunter.

Den Schlüssel legt sie an einen anderen als den gewohnten Platz: in ihr Nachtschränkchen. Dort versteckt sie ihn in einer alten Handtasche, die sie schon seit fünfzehn Jahren nicht mehr benutzt, hinter dem Nachttopf, den sie schon seit sechzig Jahren nicht mehr benutzt.

Die Mappe nimmt sie mit in ihr Wohnzimmer. Nach dem Papier, das sie noch einmal lesen will, muss sie nicht lange suchen. Es liegt gleich obenauf.

Ihr kommen bereits Tränen, als sie nur Ottos Handschrift sieht.

Meine liebe Elfriede!
Mit diesem Brief möchte ich mich von Dir verabschieden. Ich werde ihn so hinlegen, dass ihn kein anderer vor Dir findet. Und wenn Du ihn gelesen hast, solltest Du ihn auch niemandem zeigen. Es wäre nicht gut, wenn bekannt würde, dass ich freiwillig aus diesem Leben scheide.

Elfriede wischt sich mit einem Taschentuch über die Augen.

Ich werde mich nicht erschießen oder Gift nehmen oder mich an einem Dachbalken aufhängen. Denn das brächte Dich um die Lebensversicherung. Außerdem würde es uns im Dorf ins Gerede bringen. Wenn ich dagegen an meiner Krankheit sterbe, ist Dir das Mitleid aller sicher. Ich nehme meine Medikamente einfach nicht mehr. Sie sind mir inzwischen sowieso zuwider. Dann wird es, sagt der Doktor, höchstens ein paar Wochen dauern, bis ich sterbe. Wenn Du also später noch Medikamente finden solltest, vernichte sie.

Lebe wohl, meine liebe Elfriede, und sei nicht traurig! Lebe wohl, denn Du kannst wohl und mit gutem Gewissen leben, wenn ich, der so viel Schuld auf sich geladen hat, nicht mehr bei Dir bin. Damit Du mich und meine Entscheidung verstehst, will ich –

Die Türklingel läutet.

Wer ist denn das? Muss das jetzt sein?

Elfriede ignoriert das Klingeln zunächst. Aber jetzt ist

sie gestört worden und findet nicht mehr in die traurige Erinnerung zurück. Als es noch einmal klingelt, legt sie das Blatt zurück, versteckt die Mappe und geht zur Tür.

Draußen steht ein junger Mann.

„Guten Tag, Frau Henrich. Mein Name ist Jens Montag."

„Montag? Ach so. Ja, und?" Ihre Trauermiene hat sich in eine zornige, abweisende Miene verwandelt.

„Es geht um Jannik, Ihren Enkel. Ich –"

„Ich weiß über alles Bescheid. Die Polizei war hier und hat mich informiert. Sie wollten die Eltern sprechen, aber die sind bei der Arbeit. Ich habe den Polizisten gesagt, wo sie zu erreichen sind. Ob sie bei ihnen waren, weiß ich nicht."

„Kann ich kurz reinko–"

„Nein. Warum? Ich weiß, wer Sie sind. Der Enkel von Horst Montag, der an meinem Schicksal nicht unbeteiligt ist. Ach – die Polizei sagt, ein junger Mann hätte Jannik … Waren Sie das?"

„Ja, ich war dabei. Ich habe mitgeholfen –"

„Sie brauchen sich nicht zu entschuldigen. Es ist gut, dass Jannik daran gehindert wurde, noch mehr Unglück anzustellen."

Jens weiß nicht, ob er das bestätigen soll, und nickt nur schwach.

„Ist noch was?"

„Ich habe Jannik versprochen, Ihnen auszurichten, dass es ihm leidtut. Deswegen bin ich gekommen."

„Gut, das haben Sie ja nun gesagt."

„Auf Wiedersehen!"

Elfriede Henrich antwortet nichts darauf. Sie wendet sich nur ab und schließt die Tür.

Nach einigen Minuten, in denen sie unruhig im Zimmer auf und ab geht, sitzt sie wieder am Tisch und hat den Brief ihres verstorbenen Mannes vor sich liegen.

Damit Du meine Entscheidung verstehst, will ich Dir schildern, wie es dazu kam. Der erste Fehler war, dass ich mich habe locken lassen von dem herrischen Auftreten der SS-Leute. So einer wollte ich auch sein, der sich stärker und besser fühlt als alle anderen.

Dann die Sache mit der Familie Stern. Sie waren früher immer freundlich zu mir gewesen. Aber das hat mich nicht gehindert, als sie weggebracht wurden, wie alle anderen über ihren Besitz herzufallen.

Und dann die Sache mit dem jungen Ukrainer, der als Letzter von den Zwangsarbeitern noch da war. Ich habe Dir ja davon erzählt. Ich war so wütend, als er auf einmal meine Autorität infrage stellte. „Jetzt seid ihr dran", brüllte er, „jetzt geht es euch an den Kragen. Ihr werdet für alles bezahlen!" Da habe ich geschossen.

Das ist ja alles schon lange her. Vor einigen Jahren dann, ich glaube, das war, als meine Krankheit begann, schien es mir statt vierzig Jahren höchstens ein Jahr her zu sein, so lebendig wurde die Erinnerung. Letztes Jahr hatte ich das Gefühl, als wären nur einige Wochen vergangen. Und heute scheint es mir, als sei es gestern gewesen.

Was hat mir die Uniform gebracht? Was hat es uns genützt, dass das Geschirr mit dem Goldrand aus Sterns

Villa seit fünfzig Jahren in unserem Schrank steht? Gebracht hat es mir nur ein schlechtes Gewissen. Das ist mir seit Ausbruch meiner Krankheit immer klarer geworden.

Warum soll ich mich damit noch länger quälen? Mit beiden: der Krankheit und dem schlechten Gewissen. Es ist ja wohl auch nicht damit zu rechnen, dass es noch einmal besser wird.

Darum sei mir nicht böse, meine liebe Elfriede! Ich hoffe, wenn es einen Gott geben sollte, was ich aber nicht annehme, dass er mir auch nicht böse ist. Und wenn doch, dann kann ich es auch nicht mehr ändern ...

Als Elfriede merkt, dass ihre Tränen auf das Papier fallen, hört sie zu lesen auf und schiebt das Blatt zur Seite. Aber den Tränen lässt sie freien Lauf.

*

Das Wetter ist schön, und darum sind alle Arbeiten an dem Motivwagen in Reebers Garten verlegt worden. Drei Erwachsene sind dabei: Horst Montag, Tomasz und Pia Reeber.

Louis und Leon, die Freunde, schneiden mit großen Scheren an Pappen herum, was ihnen offenbar große Mühe macht.

„Was wird das denn?“, fragt der alte Herr Montag.

„Propeller!“, antwortet Leon stolz. „Wir wollen die aus dem Tunnel herausbringen. Denn so war es ja auch wirklich.“

„Passt mal auf, das machen wir einfacher. Pia, habt ihr ein scharfes Teppichmesser? Und vielleicht auch ein ebenes Brett, dem es nichts ausmacht, wenn die Oberfläche etwas beschädigt wird?“

„Kein Problem.“

Horst Montag legt einen der gut gelungenen Propeller, nachdem er noch etwas daran herumgeschnitten hat, auf die anderen Pappen, um ihn als Schablone zu benutzen. Er zeichnet drum herum. Und als Pia Brett und Messer bringt, schneidet er entlang der Bleistiftlinien. Alle helfen mit und es entstehen Propeller in Serienfertigung.

„Ich hab da eine Idee“, sagt Pia. „Wir könnten die Propeller am Sonntag unter die Leute werfen. Das würde sie noch mehr auf uns aufmerksam machen.“

„Großartiger Einfall!“, sagt Horst Montag. „Noch besser wäre es, wenn wir die Propeller fliegen lassen könnten.“

„Ich hab so ein Ding zu Hause“, sagt Markus. „Man zieht an einer Schnur und das Ding dreht sich schnell und fliegt.“

Montag, der Physiker, sagt: „Das geht aber nicht, wenn die nur aus Pappe sind. Sie müssten außen herum einen Ring haben, mit etwas Gewicht, für den Kreiseleffekt. Lasst mich mal überlegen, wie wir das machen können. Haben Sie noch von dem Draht, Pia?“

„Reichlich.“

„Darf ich mal in Ihre Werkstatt schauen, was für Möglichkeiten es gibt?“

Es dauert eine Weile, doch dann ist Horst Montag mit Draht und einem Lötkolben zurück. Er und Tomasz beginnen, aus Draht gleichmäßige Ringe zu formen. Sie legen sie um einen Eimer, damit sie genau rund sind, und löten die Enden zusammen. Die Jungen schauen staunend zu. Anschließend wird ein dünnerer Draht zur Mitte geführt und die Pappen werden mit Klebstoff und Tesafilm daran befestigt, sodass die Propellerflügel im richtigen Winkel schräg stehen.

„Und das soll fliegen?“, fragt Pia skeptisch.

„Wir werden sehen.“

Ein paar Verbesserungen sind noch nötig, um den Flugobjekten mehr Stabilität zu verleihen.

Dann nimmt Horst Montag die Akku-Bohrmaschine und geht nach draußen. Er hält sie nach oben, steckt die Mitte des ersten Propellers in das Bohrfutter, hält oben den Finger drauf und lässt die Maschine laufen. Der Propeller wirbelt herum wie bei einer startenden Ju 52. Als er den Finger schnell wegnimmt, hebt das Flugobjekt ab und fliegt. Nicht hoch, aber immerhin so hoch, dass sie mit den Armen nicht mehr drankommen.

„Oh, toll!“, „Prima!“, „Cool!“ Die Jungen klatschen begeistert.

Doch Horst Montag wiegt den Kopf hin und her und meint: „Noch nicht gut genug. Wir müssen noch etwas experimentieren.“

Bald biegen sich der alte und der junge Mann wieder über die Werkbank, verändern einiges, biegen und schneiden, kleben und löten, und haben Spaß wie Kinder beim Spiel. Und die richtigen Kinder stehen dabei, staunen, helfen, geben unsinnige Ratschläge und freuen sich mit.

Nach mehreren weiteren Versuchen haben sie schließlich die ideale Form gefunden. Das Modell fliegt so hoch wie der Apfelbaum in Reebers Garten. Bei einem der Versuche bleibt er sogar in dessen Geäst hängen und Eric muss hinaufklettern, um den Urtyp wieder herunterzuholen, damit sie nach seinem Vorbild noch viele weitere Propeller fertigen können.

Einige Zeit später kommt Jens bei Reebers an, um bei den Vorbereitungen zu helfen. Ihm fallen beinahe vor Staunen die Augen aus dem Kopf, als er ein unbekanntes Flugobjekt über Reebers Garten schweben sieht. Er klingelt nicht an der Haustür, sondern springt über den Zaun.

„Was ist denn hier los?" Das Ding fällt ihm genau vor die Füße.

„Jens, wir haben was ganz Tolles!" Die Jungen stürzen auf Jens zu und berichten alle gleichzeitig, sodass er gar nichts verstehen kann. Aber das ist auch nicht nötig, denn er sieht ja, was hier geschieht.

„Wer kam denn auf die super Idee?"

„Das war ein Gemeinschaftswerk", sagt Pia und strahlt.

„Darf ich auch mal starten?"

Horst fragt seinen Enkel, als etwas Ruhe eingekehrt ist und alle arbeiten: „Sag mal, Jens – die Jungen kennen dich doch kaum. Nur von einem Fußballspiel. Aber sie umschwärmen dich wie die Möwen einen Krabbenkutter. Wie kommt das?"

„Vielleicht, weil die in meiner Mannschaft gewonnen

haben, und weil die in der anderen Mannschaft wollen, dass ich nächstes Mal mit ihnen spiele."

„Und vielleicht auch, weil du ein Held bist seit der Sache beim Tunneleingang."

Während sie noch überlegen, gesellt sich Pia zu ihnen. „Alex sagt, du willst in der nächsten Jungscharstunde etwas erzählen."

„Ja, er hat mich dazu überredet."

Pia lächelt und schaut zu den Jungen hinüber. „Dann wirst du sicher aufmerksame Zuhörer haben."

*

Sie sitzen zu dritt beim Abendessen, Großvater und Enkel Montag und Tomasz. Wobei Letzterer sich natürlich nicht am Gespräch beteiligt, sondern sich nur seinem „strammen Max" widmet.

„Nette Idee, wirklich, das mit den fliegenden Propellern", sagt Horst Montag. „Die Leute werden ihren Spaß haben, wenn die Dinger gen Himmel schweben wie die Seelen Verstorbener."

Jens schaut seinen Opa nachdenklich an. „Machst du dich über den Glauben lustig? Über den Glauben an den Himmel und die Seelen, die dort ewig –"

„Nein, nein! Keineswegs! Entschuldige, das war etwas gedankenlos dahingesagt. Ich weiß ja, dass es dir damit ernst ist."

„Ist es, ja."

„Auch wenn ich selbst es nicht nachvollziehen kann. Mein Verstand sagt mir nichts darüber."

Jens stochert in seinem Abendessen herum. „Mir auch nicht."

Sein Großvater sieht ihn erstaunt an.

Jens nimmt einen Bissen und kaut bedächtig. Dann erklärt er: „Dass ich glaube, kommt nicht daher, dass mein Verstand zu der Überzeugung gekommen wäre. Gott hat zu mir geredet."

„Ja, davon sprachen wir schon mal. Man kann es mit keinem der fünf Sinne wahrnehmen, sondern ... ja, wie dann? Wie hörst du Gottes Reden, wenn nicht mit den Ohren und dem Kopf?"

„Mit dem Herzen."

Horst Montag schüttelt verständnislos den Kopf. „Es ist dir schon klar, dass das keine Erklärung ist, die einen wissenschaftlichen Menschen überzeugen kann?"

Jens legt seine Gabel ab und lehnt sich zurück. „Wenn ich ‚Herz' sage, spreche ich nicht von der Blutpumpe. Mein Herz – damit meine ich mein Fühlen und Wollen, den Kern meiner Persönlichkeit."

„Ja, ja, ich versteh schon. Aber ich kann mir nicht richtig vorstellen, wie man da das Reden Gottes vernehmen kann."

Jens schaut ihn an. „Wirklich nicht? Hat Gott nicht schon längst angefangen, zu dir zu reden?"

„Gott? Zu mir?" Horst sieht nachdenklich aus. Nach einer Weile sagt er: „Du meinst wohl ... diese Gewissensprobleme. Hm. Ich gebe zu, dass da etwas ist, auf dem ich schon einige Zeit herumkaue. Aber es ist schwer verdaulich."

In dem Moment tritt Theißen an ihren Tisch. Als er

den letzten Satz hört, fragt er erschrocken: „Was ist schwer verdaulich? Ist etwas nicht in Ordnung?"

Horst Montag winkt ab. „Nein, alles in Ordnung. Wir sprachen von religiös-philosophischen Themen. Das mit dem Kauen und Verdauen war nur bildlich gemeint."

Jetzt lächelt Jens. „Siehst du, Großvater, manche Dinge sind durchaus real, man kann aber nur in Bildern davon sprechen."

Herr Theißen versteht derweil nur Bahnhof, deshalb zuckt er nun mit den Schultern und fragt: „Haben Sie denn sonst noch einen Wunsch?"

Horst und Jens schütteln den Kopf. „Nein, danke!"

Nur Tomasz zeigt fragend auf sein leeres Bierglas. Der Wirt nickt und eilt davon, um ein neues zu bringen.

18

Samstag, 11. Juli 1992

Elfriede Henrich erhebt sich vom Frühstückstisch. Sie hat eben mit ihrem Sohn und ihrer Schwiegertochter gefrühstückt. Das machen sie oft am Samstag, wenn die beiden nicht arbeiten müssen. Auch Louis war dabei.

Aber jetzt will Elfriede nicht länger sitzen bleiben. Das dauernde Schimpfen ihres Sohnes über Jannik – „der so viel Schande auf die Familie bringt" – und die vergeblichen Versuche der Schwiegertochter, ihn zu beruhigen, das alles zerrt an ihren Nerven.

„Willst du nicht noch eine Tasse Kaffee, Mutter?"

„Nein. Ich gehe rüber." Sie bedankt sich nicht, wie sie es sonst immer tut.

In ihrer Wohnung setzt sie sich für eine Weile auf einen Stuhl und stützt die Ellenbogen auf den Tisch und den Kopf in die Hände.

Dann holt sie noch einmal den Brief hervor, den ihr Otto vor fünf Jahren geschrieben hat. Sie kennt ihn fast auswendig, aber sie liest ihn wieder und wieder.

Nach einer Weile steht sie auf und holt aus ihrem Schrank einen Schreibblock und einen Stift. Als sie wieder sitzt, denkt sie einige Zeit nach, rückt das Papier, auf dem schon eine Träne einen Fleck hinterlassen hat, zurecht, und fängt langsam an zu schreiben. Ihre Schrift ist groß und zittrig.

Mein lieber Otto!
Es ist so traurig, dass Du nicht mehr da bist. Aber das empfinde ich nur so. Sonst ist es vielleicht gut, dass Du das alles nicht miterleben musst, was hier passiert.

Sie haben den Toten im Tunnel entdeckt. Nun gehen die Spekulationen rund. Sicher kommen sie bei ihren Nachforschungen irgendwann auf Dich. Dich kann es nicht mehr stören. Und ich – ich werde auch keine Vorwürfe mehr hören und keine herablassenden Blicke sehen. Ich will auch nicht mehr hier sein.

Ich komme bald zu Dir, Otto.

Ich habe mich immer sehr dafür eingesetzt, dass die Erinnerung an die Kriegszeit und alles, was damals geschehen ist, verblasst und nicht immer wieder aufgefrischt wird. Eine Zeit lang war ich damit erfolgreich, aber in letzter Zeit nicht mehr.

Weißt Du noch, wie Du Dich über deinen Enkel Jannik gefreut hast? Er war damals so neun oder zehn, als deine Krankheit anfing. Wir waren uns einig, dass er viel von Dir hat. Leider gilt das auch für die Freude an Waffen. Er hat auf dem Dachboden Deine alte Pistole gefunden und damit geschossen. Und einen Menschen verletzt. Den Hugo Stoll, der damals im Tunnel Meister war. Die Polizei verhört ihn. Hier ist alles in Aufregung.

Glaube mir, Otto, ich bin für solche Aufregungen zu alt. Körperlich geht es mir ja noch ganz gut, aber nervlich wird mir das alles zu viel.

Manchmal denke ich: Wie recht Du hattest mit dem, was Du in deinem Abschiedsbrief geschrieben hast. Was hat es uns wirklich genützt, dass wir uns bereichert haben an dem Geschirr und dem Silberbesteck von Sterns? Was nützt es überhaupt, Dinge anzuhäufen, wenn das Ende bevorsteht, und wir nichts mitnehmen können – egal ob ehrlich erworben oder geklaut.

Wie lächerlich wertlos ist das alles!

Warum haben wir das alles, auch die Pistole, überhaupt aufgehoben?

Ich will das alles nicht mehr, Otto. Ich fühle mich überflüssig in dieser Welt. Die so ganz anders ist als früher. Und die so anders ist, als wir sie immer wollten.

Ich komme zu Dir, Otto.

Die Pistole ist ja nun weg, die hat die Polizei. Aber ich weiß sowieso nicht, ob ich damit auf mich selbst hätte schießen können. Ich brauche sie nicht, um mich auf den Weg zu Dir zu machen.

Horst Montag ist auch hier. Er hat mich sogar besucht. Er war ja nicht unwesentlich daran beteiligt, dass Du zur SS gegangen bist. Ich gebe zu, dass ich ihn nicht sehr freundlich behandelt habe. Du weißt, dass ich nicht gern von alten Zeiten schwärme, wenn die Zeiten nicht gut waren.

Ich weiß nicht, was Horst Montag hergetrieben hat. Es wird wohl kaum das Heimatfest sein, das morgen gefeiert wird. Ich nehme an, dass ihn die Reue hergetrieben hat. Es lässt ihm keine Ruhe, was er damals getan hat.

Aber Reue ist für mich nicht der richtige Weg, eine verkorkste Vergangenheit aufzuarbeiten. Dazu bin ich nicht fähig. Ich schließe damit ab, indem ich mein ganzes Leben abschließe. Dann ist alles vorbei, alles Böse und alles Gute.

Ich will mich davonmachen, ehe morgen die laute Fröhlichkeit des Heimatfestes beginnt, die ja doch nicht die Schatten der Vergangenheit vergessen machen kann. Nein, das tue ich mir nicht mehr an.

Du wirst ja meinen Brief nicht lesen können, mein lieber Otto. Das ist mir klar. Ich habe ihn auch eher für mich geschrieben. Um all die ungeordneten Gedanken in meinem alten Kopf irgendwie zu ordnen. Aber vielleicht kannst Du den Brief ja doch sehen? Wer weiß das schon. Es ist so vieles unklar. Ich weiß noch nicht einmal, ob ich Dich dort antreffe, wenn ich diese Welt verlasse.

Elfriede kommt ins Grübeln, legt schließlich den Stift weg und stützt wieder den Kopf in die Hände.

Lange sitzt sie so.

Dann steht sie ruckartig auf, als wäre sie plötzlich zu der Erkenntnis gekommen, dass mit dem Grübeln Schluss sein müsse. Dass es nun zu handeln gelte.

Im Flur steht die schöne Biedermeierkommode, die einmal den Eingangsbereich in Sterns Villa geziert hat. Sie räumt alles aus, was darin liegt, und stellt behutsam das Meißener Porzellan hinein. Auch das Silberbesteck legt sie in eine der Schubladen.

In ihrem Schlafzimmer nimmt sie die drei handtellergroßen Bilder von der Wand, die bisher dort übereinanderhingen. Bilder mit Motiven der See – eins mit wildem Wellengang, eins mit einem Segelschiff und eins mit einem Leuchtturm. Die sollen wertvoll sein, hatte es damals geheißen, von einem berühmten Künstler, einem Emil Soundso. Zusammen mit dem springenden Pferd aus Porzellan legt sie alles in die Kommode.

Nun schreibt sie mit zittriger Hand in Großbuchstaben auf einen Zettel: „Aus der Stern-Villa." Den Zettel legt sie auf die Kommode und stellt den silbernen Kerzenleuchter darauf.

Elfriede meint sich zu erinnern, dass Sterns keinen Erben hatten. Sollen sich andere Leute darum kümmern, was mit den Sachen geschieht. Sie kann das jetzt nicht mehr. Sie ist jetzt die Verantwortung los.

Vielleicht soll es dieser jüdische Junge bekommen, der damals bei Sterns lebte. Falls er jetzt noch lebt. Wie hieß er noch? Rosen… Rosen… Es war irgendwas mit Rosen.

Sie erinnert sich noch gut, was Otto ihr damals über ihn erzählt hatte. Ein Neuer, angeblich ein Pole, war zu den Zwangsarbeitern gekommen. Tagelang hatte Otto nichts mit ihm zu tun gehabt und ihn nur von Weitem gesehen. Plötzlich aber stand er ihm dicht gegenüber. Beide erkannten sich. Sie waren ja zusammen in die Schule gegangen, wenn auch in unterschiedliche Klassen.

Otto war erstaunt, dass er nicht deportiert worden war. Der junge Mann sah erst recht erschrocken aus, weil er nicht damit gerechnet hatte, dass einer der Wachmänner aus Erlbruch stammte und ihn kannte.

Schnell verstand Otto damals, dass der Jude sich dort im Tunnel versteckte. Einige Augenblicke starrten die beiden sich an. Dann drehte Otto sich um, ging fort und tat, als würde er ihn nicht kennen.

War das nicht ein gutes Werk gewesen? Er hatte dem Mann gewissermaßen das Leben gerettet! Wenn er sich für alles, was er als SS-Mann getan hatte, vor einem Gericht hätte verantworten müssen, hätte er das sicher zu seinen Gunsten vorbringen können.

Aber vor einem Gericht würde Otto ja nun nicht mehr stehen. Jedenfalls vor keinem menschlichen.

Ob es irgendein anderes Gericht gibt? Elfriede weiß es nicht. Sie weiß erst recht nicht, ob man, falls es ein Gericht in einer jenseitigen Welt geben sollte, die bösen Taten mit der entsprechenden Menge guter Taten aufwiegen kann. Aber darüber will sie jetzt auch nicht weiter nachdenken.

Sie gießt alle Blumen auf ihren Fensterbrettern. Nur das Alpenveilchen nicht, das ist vertrocknet und wird wohl nicht mehr zu neuem Leben erweckt. So ist es eben, wenn ein Leben zu Ende geht. Das muss man nicht beklagen, das muss man akzeptieren.

Sie nimmt die Pflanze und wirft sie in den Mülleimer. Dann verschiebt sie die übrigen Blumentöpfe, sodass es wieder symmetrisch aussieht.

Elfriede Henrich sieht sich um. Es ist wohl alles getan, was geregelt werden muss.

Nun nimmt sie den fünf Jahre alten Brief von Otto sowie den, den sie eben selbst geschrieben hat, und zerreißt beide Blätter gründlich. Die unzähligen kleinen Schnipsel wirft sie in die Toilette und spült sie fort.

*

Jens steht wieder vor Reebers Haus. In der linken Hand hat er Hektors Leine – obwohl die vielleicht gar nicht nötig wäre, der Hund folgt ihm auch so – und mit der rechten hält er Lenas Hand. Es kann ruhig jeder wissen, dass da etwas zwischen ihnen wächst, das ihn sehr glücklich macht.

Weil Lena noch eine Hand frei hat, drückt sie auf den Klingelknopf. Ihre Schwägerin Pia öffnet.

„Hallo, ihr beiden! Kommt herein! Unsere Mannschaft ist schon tüchtig am Arbeiten."

Jens und Lena samt Hund gehen gleich durch das Haus in den Garten. Dort steht der große Handwagen, der sich mittlerweile in eine Art Tunneleingang verwandelt hat. Eine Plane ist über einem Lattengestell gespannt und mithilfe von Pappe und Schaumstoff zu einem Berg gestaltet worden. Sogar allerlei Sträucher sind darauf befestigt. Das Ganze ist nicht gerade künstlerisch wertvoll, aber man kann durchaus erkennen, was es darstellt.

Jens erklärt Lena alles, was sie vorhaben. Schließlich führt er ihr vor, wie die Propeller aus Draht und Pappe fliegen, wenn man sie mithilfe der Bohrmaschine in schnelle Drehung versetzt.

Lena ist begeistert. Noch begeisterter ist Hektor. Er bellt hinter dem Flugobjekt her. Als es wieder absinkt, möchte er sich am liebsten draufstürzen und es apportieren, aber Eric ist bereits zur Stelle und rettet es noch in der Luft vor Hektors Zähnen.

„Das ist toll!", staunt Lena und bewundert die kleinen Propeller. „Aber sollten wir nicht …" Sie schweigt.

„Hast du noch einen Verbesserungsvorschlag?“, fragt Alex, der heute, am Samstag, auch dabei ist.

„Wir könnten auf die Propeller etwas schreiben. Ich meine, das Ganze ist ja sowieso eine Botschaft. Wir wollen doch mit der Aktion etwas sagen. Das lässt sich sicher mit ein paar treffenden Worten auf den Pappen, die dann unter die Leute kommen, noch deutlicher rüberbringen …“

„Gute Idee!“, findet ihr Bruder.

„Das ist echtes Teamwork!“, meint Jens. „Leon hatte die Idee, Propeller zu machen. Pia schlug vor, sie zu verteilen. Mein Großvater machte sie flugfähig, und Lena will sie beschriften.“

„Vielleicht mit kurzen Bibelsprüchen, die das ausdrücken, was wir sagen wollen? Ich hole mal eine Bibel, und dann suchen wir geeignete Sätze.“

Bald sitzt Alex auf einem der uralten Gartenstühle und blättert in der Bibel. Jens steht hinter ihm und schaut ihm über die Schulter. Pia holt zwei Filzstifte und schreibt mit Lena auf die Propellerflügel, was Alex ihnen sagt.

„Wenn wir unsere Sünden bekennen, erweist sich Gott als treu, dass er sie uns vergibt. 1. Johannes 1, Vers 9.“

„Die Bibelstelle schreib nicht drauf“, wirft Jens ein. „Das wird zu lang.“

„Deshalb ist der Sohn Gottes erschienen, um das, was der Teufel tut, zu zerstören.“

„Oder auch –“

„Langsam, ich bin noch nicht fertig. So, jetzt.“

„Gott beweist uns seine Liebe dadurch, dass Christus für uns starb.“

In den nächsten Minuten blättert Alex durch verschiedene Bibelbücher und diktiert nach und nach mehrere Sprüche.

„Jesus sagt: Ich bin gekommen, zu suchen und zu retten, was verloren ist. – Jesus sagt: Kommt her zu mir alle, die ihr euch plagt und von eurer Last fast erdrückt werdet; ich will sie euch abnehmen."

Nach dem letzten Vers wirft Markus, einer der Jungen, ein: „Ich finde, das ist alles schwer zu verstehen, wenn es nicht erklärt wird."

„Da hast du sicher recht, Markus", antwortet Alex. „Aber mehr können wir nicht draufschreiben. Mancher denkt vielleicht darüber nach. Oder fragt sogar."

„Vielleicht tauschen sie sich auch aus, wer welchen Spruch gefangen hat."

„Jedenfalls", meint Lena, „wird mancher so einen Satz ernster nehmen, wenn er vom Himmel gesegelt kommt, als wenn er ihn nur hört."

Sie suchen nach weiteren Sprüchen, bis sie etwa vierzig kleine Propeller beschriftet haben.

Später sagt Alex zu Jens: „Es bleibt doch dabei, dass du nachher um vier zur Jungscharstunde kommst und etwas erzählst?"

„Na ja, wenn du meinst ..."

„Ja, ich meine. Nicht hier natürlich, sondern im Gemeindehaus. Da sind ja noch mehr Jungs als unsre fünf hier, die wir in unser Geheimnis eingeweiht haben."

„Was soll ich denn erzählen?"

„Dir wird schon was einfallen. Erzähle einfach von dir!"

*

Das hat Tomasz gestern gefallen: allein in einem Boot bei schönem Wetter über den See zu rudern.

Gut gelaunt geht er jetzt in die Küche, wo Theißen, der Wirt und Koch, mit Töpfen und Pfannen hantiert. Als die beiden voreinanderstehen, zeigt Tomasz auf sich und macht Bewegungen wie beim Rudern.

„Ob du noch mal das Boot benutzen darfst?" Theißen lächelt ihn an und nickt. „Na klar, es ist ja sonst keiner da, der damit fahren will."

Tomasz lächelt freudig zurück und verlässt die Küche. Drei Minuten später sitzt er in dem Kahn und treibt ihn mit kräftigen Schlägen auf den See hinaus.

Dann lässt er sich treiben. Da die Ruderbänke keine Lehne haben, setzt er sich in die Bilge und lehnt sich an eine der Ruderbänke. Er schließt die Augen und genießt das leichte Schaukeln. Als er merkt, dass ihn das einschläfert, öffnet er die Augen wieder – denn schlafen will er ja nicht – und beobachtet die kleinen weißen Wölkchen am blauen Himmel.

Es ist zweifellos schöner hier als bei der Ernte auf dem Acker. Er muss dem alten Mann unbedingt noch einmal danken, dass er ihm diesen Aufenthalt ermöglicht.

Und es ist auch bedeutend angenehmer als im Tunnel.

Tomasz setzt sich wieder auf und rudert ein Stück weiter. Bald ist er über die Mitte des Sees hinausgekommen und treibt auf die helle Felswand zu. Man kann jetzt erkennen, dass sie nicht natürlichen Ursprungs ist, sondern dass hier früher ein Steinbruch war. Tomasz sucht mit den Augen den Hang ab, um die einzelnen Stufen zu erkennen, in denen der Sandstein gebrochen wurde.

Ganz oben auf der Kante erregt etwas seine Aufmerksamkeit. Steht da etwa ein Mensch? Doch, das muss ein Mensch sein! Aber warum steht der so weit vorn? Das ist doch gefährlich!

Oder ob der springen will? Ein Selbstmörder?

Sie! Es ist eine Frau, erkennt er jetzt.

Tomasz rudert kräftig auf den Felshang zu. Zwischendurch dreht er immer wieder den Kopf, um zu sehen, ob die Frau noch dasteht.

Ja, sie scheint zu zögern. Vielleicht fehlt ihr der Mut.

Tomasz steuert auf eine flache Stelle zu, zieht das Boot auf den Strand und sucht mit den Augen einen Weg nach oben. Den Felsen kann er nicht hinaufklettern. Also muss er einen Umweg machen. Hastig steigt er an der Seite durch den Wald hinauf.

Außer Atem kommt er an der höchsten Stelle an. So scheint es ihm jedenfalls, denn es geht hier nicht weiter. Von seiner Position im Wald kann er weder den See noch den Felsen sehen. Er wendet sich nach links. Seinem Gefühl nach müsste er auf diesem Weg zu der Stelle kommen, wo die Frau stand. Und hoffentlich auch jetzt noch steht!

Der Wald lichtet sich. Tomasz befindet sich nun kurz vor der Kante. Hier soll ein Drahtzaun Wanderer hindern, zu weit nach vorn zu gehen. Auch Warnschilder stehen da, schon leicht angerostet, aber noch lesbar. Dass Tomasz sie nicht lesen kann, bedeutet nichts, denn es ist nicht schwer zu raten, was darauf steht. Er kriecht durch das Drahtgeflecht.

Da steht die Frau, etwas weiter links. Sie ist schon älter und rührt sich nicht, schaut nur schweigend in den Abgrund einen halben Meter vor ihren Füßen.

Tomasz weiß, dass er sie nicht erschrecken darf. Aber was soll er sagen, da er doch ihre Sprache nicht beherrscht?

„Hallo!“, sagt er leise. Das Wort kennt er.

Die Frau hat ihn gehört. Er erkennt es daran, dass sie den Kopf hebt. Aber sie dreht sich nicht um und rührt sich auch nicht von der Stelle.

Tomasz geht langsam zu ihr hin. Sie soll merken, dass er kommt. Da er nicht reden kann, summt er ein Lied. Als wäre er ein Wanderer, der fröhlich singend herkommt, um die Aussicht zu genießen. Als er direkt hinter ihr steht, tippt er ihr sanft auf die Schulter.

*

Gerade noch hatte sich Elfriede auf ihre letzten Minuten in dieser Welt vorbereitet. Doch jetzt dreht sie sich um und sieht den jungen Mann an, der so still und unerwartet hinter ihr aufgetaucht ist. Er zieht sie ganz sanft am Ärmel und sie folgt ihm, lässt sich vorsichtig ein Stück zurückführen. Ihre Augen sind weit aufgerissen und beständig auf den jungen Mann gerichtet.

Als sie vor dem Drahtzaun stehen und der Mann ihr durch ein Handzeichen zu verstehen gibt, dass sie hindurchkriechen soll, fragt sie ihn: „Bist du ein Engel?“

Doch er lächelt nur freundlich.

„Ja, du bist ein Engel! Gerade habe ich zu Otto gesagt: ‚Ich komme gleich, Otto! Ich komme gleich. Aber ich weiß auf einmal nicht mehr, ob ich das Richtige tue. Wenn es nicht richtig ist, schick mir eine Nachricht, Otto! Oder sag Gott, er soll mir einen Engel schicken, oder so …' Und da kommst du, sprichst nicht, singst nur, lächelst nur … bist du ein Engel?"

Auch jetzt antwortet der junge Mann nicht, hält nur die Drähte auseinander, damit sie hindurchkriechen kann.

Das Gleiche auf dem Weg hinunter, es kommt kein Gespräch zustande. Erst als sie im Boot sitzen und er zu rudern beginnt, sagt er ein paar Sätze, die Elfriede aber nicht versteht.

Ist er doch kein Engel? Es kommt Elfriede vor, als spreche er in einer slawischen Sprache, mit mehr Zischlauten als im Deutschen.

Ihre Gedanken lösen sich immer mehr von dem, was sie eben noch bewegt hat, und sie findet sich in der Gegenwart wieder. Da drängt sich ihr der Gedanke auf: Ist das vielleicht der junge Pole, von dem alle sagen, dass er sich zurzeit in Erlbruch aufhält?

Der, von dem sie auch glaubte, er habe auf Hugo Stoll geschossen, um das Unrecht an seinem Großvater zu rächen? Bis sie eines Besseren belehrt wurde.

Der Enkel eines Mannes, der unter Otto gelitten hat?

Und er wurde ihr Engel?

19

Jens fährt mit Jakob Rosenfeld im Wagen gerade vor dem Gasthaus auf den Parkplatz, als er Tomasz um die Ecke kommen sieht, und zwar in Begleitung einer älteren Frau. Sie kommt ihm bekannt vor.

Als sie näher kommen, erkennt er sie – es ist Janniks Großmutter, der er dessen Entschuldigung überbracht hat.

Jens steigt aus, und Rosenfeld auch.

Der alte Mann hat die beiden noch nicht gesehen und bedankt sich nun schon zum dritten oder vierten Mal bei Jens: „Es ist so freundlich von Ihnen, Herr Montag, dass Sie mich heute wieder abgeholt haben! Und von Ihrem Großvater, dass er mich hierher in das Hotel einlädt!"

„Er hat genug Geld", antwortet Jens und lächelt dabei, um deutlich zu machen, dass er es nicht abfällig meint. „Er bekommt immer noch etwas für einige Patente. Aber Sie können auch gleich etwas tun, als Gegenleistung sozusagen. Sie können sich als Übersetzer betätigen. Da kommt Tomasz, unser junger Pole."

Beide bleiben beim Auto stehen und warten, bis der junge Mann und die alte Frau herangekommen sind.

Die drei Männer begrüßen sich mit Handschlag, Frau Henrich tritt etwas zurück, wie um deutlich zu machen, dass sie nicht wie eine gute Bekannte begrüßt werden will.

„Habt ihr beide Freundschaft geschlossen?", fragt Jens, und Jakob Rosenfeld bemüht sich, zu übersetzen.

Eine Weile geht das Gespräch in Polnisch hin und her. Dann erklärt Rosenfeld: „Wenn ich es richtig verstanden habe, hat Tomasz Frau Henrich irgendwo dahinter dem See entdeckt, als er mit dem Boot gerudert ist. Er hat sie mit herübergebracht."

Jetzt mischt sich Frau Henrich ein. „Wenn er das so gesagt hat, dann hat er das Wichtigste verschwiegen. Ich ... ich war in Gefahr. Er hat mich gerettet."

„In Gefahr?"

Elfriede Henrich macht eine Bewegung mit der Hand, als wolle sie das Thema wegwischen. „Bitte sagen Sie diesem jungen Mann", wendet sie sich an Jakob, „dass ich ihm danke. Sehr! Aber jetzt gehe ich nach Hause." Sie wendet sich um und macht sich auf den Weg.

Tomasz sagt etwas zu Jakob. Der erklärt Jens leise: „Tomasz meint, es wäre gut, diese Frau jetzt nicht allein zu lassen."

„Ach – warum nicht?"

„Offenbar wollte sie sich das Leben nehmen, wenn ich es richtig verstanden habe."

„Hm", brummt Jens. „Ich ahne die Hintergründe. Aber ich müsste jetzt eigentlich schnell ins Gemeindehaus, weil ich das Alex zugesagt habe."

„Gehen Sie nur!", sagt Jakob. „Ich gehe ihr nach." Dann wechselt er noch einige Worte mit Tomasz und ergänzt: „Tomasz kommt auch mit."

Die beiden eilen der Frau nach.

Als sie sie einholen und rechts und links neben ihr gehen, sagt Elfriede: „Ah – mein Engel will weiter mein Schutzengel sein. Es ist nicht nötig. Sagen Sie ihm das!"

„Was meinen Sie mit Engel?"

„Ach … Er ist so etwas wie ein Engel für mich gewesen. Das kann ich nicht näher erklären. Fragen Sie ihn. Aber das mit dem Engel kann er sicher auch nicht erklären."

Jakob spricht mit Tomasz. Der zuckt aber nur mit den Schultern und erwidert ein paar Sätze. Er kann zwar die Vorgänge berichten, was er auch sehr zurückhaltend tut, aber was das mit einem Engel zu tun haben soll, versteht er nicht.

Elfriede sagt: „Nun wissen Sie also, wer mein Engel ist. Und wer sind Sie?"

„Mein Name ist Jakob Rosenfeld."

Frau Henrich bleibt stehen und sieht ihn erstaunt an. Notgedrungen bleiben auch ihre Begleiter stehen.

„Sie sind … Sie kamen mir auch etwas bekannt vor. Ich wusste nicht …" Sie bricht ab und scheint nach Worten zu suchen.

„Kennen wir uns?"

„Wir sind in die gleiche Schule gegangen. Vor einem halben Jahrhundert. Ich bin Elfriede Henrich. Damals hieß ich Elfriede Klar."

„Ah …"

„Ich habe heute schon an Sie gedacht."

„An mich? Dachte immer, ich wäre hier völlig vergessen. Verzeihen Sie, wenn das etwas verbittert klingt. Ich will niemandem einen Vorwurf machen. Jetzt nicht mehr."

„Mein Mann, Otto Henrich, ist seit fünf Jahren tot. Er hat mir erzählt … er war ja bei der Wachmannschaft …" Sie schweigt.

„Ich weiß, was Sie sagen wollen. Ich erinnere mich noch genau an unsere Begegnung im Tunnel."

Sie sehen sich schweigend an. Was gibt es da zu sagen? Tomasz steht still daneben.

Schließlich geht Elfriede einfach weiter.

Jakob fragt: „Ist es Ihnen recht, wenn wir Sie noch etwas begleiten?"

„Ja, kommen Sie nur. Ich habe etwas für Sie. Damit hängt es auch zusammen, dass ich heute an Sie dachte."

Schweigend gehen die drei zum Haus der alten Dame. Gerade als sie die Haustür aufschließt, öffnet ihr Sohn nebenan das Fenster. „Wo warst du denn, Mutter? Wir dachten, du kommst zum Mittagessen rüber. Jannik ist wieder da. Und wer sind die beiden Herren?"

„Das erkläre ich dir später, Karl." Sie tritt in den Flur und winkt den beiden, ihr zu folgen.

„Können Sie sich an diese Kommode erinnern, Herr Rosenfeld?" Sie deutet auf das Möbelstück, auf dem der Zettel liegt „Aus der Stern-Villa".

„Ja. Ja, ich erinnere mich. Die stand ... wo war das? Im Empfangszimmer, glaube ich."

Elfriede öffnet die Türen und zieht die Schubladen heraus. „Das alles hat der Familie Stern gehört. Wir haben es uns damals einfach geholt." Ihre Stimme klingt hart. Die beiden Männer spüren: Sie ist hart mit sich selbst. „Haben Sie Verwendung dafür? Auf jeden Fall haben Sie eher ein Recht darauf als ich."

Sie geht in ihr Wohnzimmer und lässt die beiden einfach im Flur stehen.

Unaufgefordert folgt ihr Jakob Rosenfeld und setzt

sich. „Liebe Frau Henrich“, beginnt er. „Liebe Elfriede! Wenn wir die Vergangenheit aufarbeiten wollen, sollten wir nicht mit den materiellen Dingen anfangen. Das Menschliche ist das Wichtigere. Beginnen wir doch damit, dass wir als alte Schulkameraden Du sagen.“

*

Vier Jungen spielen Tischfußball, zwei jagen sich gegenseitig um Tische und Bänke herum, drei diskutieren heftig über Autos, zwei sitzen am Tisch, wobei der eine vom anderen die Rechenaufgaben abschreibt, die sie eigentlich noch vor den Ferien gemacht haben sollten, und einer sitzt an dem alten, ziemlich verstimmten Klavier und versucht die Melodie von „Hänschen klein“ zu spielen.

„Ruhe!“, ruft Alex. Und noch einmal: „Ruhe! Aufhören! Setzt euch!“

Natürlich können sie auch dieser Anordnung beim besten Willen nicht sofort Folge leisten. Die beim Tischfußball müssen noch ihre Runde zu Ende spielen, die Rechenkünstler haben noch nicht alles verglichen und korrigiert, die Diskutanten weigern sich aufzuhören, solange die andern ihnen noch nicht recht gegeben haben, und der Klavierspieler ist erst bei „… weint so sehr.“

Aber nach einigen Minuten kehrt dann doch langsam Ruhe ein und alle sitzen im Kreis.

Alex nimmt seine Gitarre zur Hand und beginnt zu spielen. Dann singen sie – wenn man denn das Gebrüll so nennen will. „Hast du heute schon Danke gesagt …“

Als das Lied zu Ende ist, stellt Alex seine Gitarre in

die hinterste Ecke, damit ihr durch die wilde Horde nichts passiert.

„Ihr kennt ja Jens schon“, beginnt er. „Er war letzten Samstag –“

„Na klar!“, „Er war unser Tormann!“, „Wir haben gewonnen!“ Alle reden durcheinander.

Alex fährt fort: „Jens ist nur noch bis morgen hier in Erlbruch. Darum habe ich ihn gebeten uns heute mal ein bisschen von sich zu erzählen. Seid ihr einverstanden?“

„Ja!“, „Na klar!“

Jens beginnt und alle lauschen gespannt. „Ich erzähle euch zunächst, was sich am vergangenen Sonntag hier ereignet hat. Es ist keine erfundene Geschichte, sondern wirklich so passiert. Und zwar im Tunnel.“

„Bei dem Kelett?“, fragt einer.

Sein Nachbar korrigiert. „Das heißt nicht Kelett, sondern Skelett.

„Sage ich doch!“

„Nein, du hast Kelett gesagt!“

Eric sagt: „Jetzt haltet doch mal die Klappe!“

Jens fährt fort: „Ein junger Mann ging in den Tunnel hinein. Er wollte sich ansehen, wo früher die Arbeiter die Propeller gemacht haben.“

„War das der Mann aus Polen? Ich habe gehört, da soll einer –“

„Quatsch doch nicht dauernd rein! Wir wollen die Geschichte hören!“

Jens redet unbeirrt weiter: „Durch einen unglücklichen Zufall wurde der Eingang des Tunnels wieder verschlossen, als er drin war, ohne dass er oder sonst jemand es merkte. Er hatte kein Licht mehr, weil sein Feuerzeug ausgebrannt war, und wusste nicht, was er machen sollte. In seiner Panik stieß er auch noch irgendwo an, fiel, traf mit dem Kopf auf etwas Hartes und wurde ohnmächtig."

„Scheiße!", bemerkt Markus.

„Das sagt man nicht!", kritisiert Leon.

„Warum nicht?"

„Ruhe! Erzähle weiter, Jens!"

„Stellt euch diese missliche Lage vor! Du bist gefangen und kannst nicht raus, du siehst noch nicht mal was und zudem bist du noch verletzt. Was soll so jemand machen? Er kann sich selbst überhaupt nicht helfen. Das Einzige, was ihn retten kann, ist, dass jemand von außen kommt.

Ich habe etwas Ähnliches erlebt. Nicht in einem alten Tunnel, aber ich habe mich wie in einem finsteren Loch gefühlt. Ich habe nämlich viele Dinge getan, die gar nicht gut waren, die ich aber hier nicht näher nennen will …"

„Och …"

„Aber ich kam nicht davon los. Vielleicht kennt ihr das auch: Ich wisst, dies oder das ist nicht gut. Aber ihr tut es trotzdem. Und was auch noch das Gefühl von Finsternis verstärkt hat: Ich hatte kein richtiges Ziel für mein Leben, keinen Sinn. Das versteht ihr vielleicht noch nicht so, aber ihr werdet es verstehen, wenn ihr größer seid. Jedenfalls war es in mir, in meinen Gedanken und Gefühlen, dunkel, auch am hellen Tag. Ich wusste – so wie der Mann im Tunnel –, ich komme da aus eigner

Kraft nicht raus. Jemand von außen muss kommen und mir helfen."

Olli wirft ein: „Ich weiß, was du sagen willst – dass Jesus dir geholfen hat. Weil Alex das auch immer sagt."

„Da hat Alex natürlich recht. Aber in meinem Fall muss ich das etwas anders sagen: Gott hat mir geholfen. Von Jesus wusste ich noch nichts. Ich merkte nur, dass jemand zu mir redete, und da war mir klar: Das ist Gott, der alles gemacht hat, auch mich. Und der nicht will, dass ich vor die Hunde gehe, wo er mich doch extra geschaffen hat. Ich habe ihn nicht mit den Ohren gehört, aber mit dem Herzen. Und da wusste ich – er liebt mich. Er macht mich zu seinem Kind, obwohl ich eigentlich gar nicht zu ihm passe.

Hinterher hat mir einer erklärt, wie das möglich ist. Nämlich durch Jesus. Er ist vom Himmel auf die Erde gekommen. Um die Strafe für unsre Sünde auf sich zu nehmen, ist er am Kreuz gestorben. Aber er ist wieder lebendig geworden. So kann jetzt jeder, der an ihn glaubt, also, der ihm gehört, der sich zu ihm hält, ein Gotteskind sein. Nicht mehr im Bösen gefangen, nicht mehr im Dunkel von Irrtümern und Traurigkeit und Sinnlosigkeit, sondern frei. So, dass man das Gefühl hat, als würde man aus Kälte und Finsternis ins Sonnenlicht treten."

„Ist der Mann aus dem Tunnel denn gerettet worden? Er kann ja nicht der … das Skelett gewesen sein. Denn Skelette sind ja schon länger tot."

„Ja, er wurde gerettet."

„Hast du ihn gerettet?"

„Ich war dabei. Und das hat mich an meine eigne Geschichte erinnert, wie Jesus mich gerettet hat. Heute Morgen haben wir in der Bibel nach Bibelsprüchen gesucht – wozu, das werdet ihr morgen erfahren, es ist noch ein Geheimnis – also, wir haben Bibelsprüche gesucht. Und da habe ich einen Spruch von Jesus gelesen, der genau meine Geschichte beschreibt. Jesus hat gesagt: ‚Ich bin gekommen, um zu suchen und zu retten, was verloren ist.'“

Eine Weile sind alle still. Das ist ungewöhnlich in diesem Kreis.

Alex sagt: „Dieser Spruch von Jesus ist so wichtig, dass ich vorschlage, wir versuchen, ihn auswendig zu lernen. Jens, sag ihn noch mal!“

„Jesus sagt: Ich bin gekommen, um zu suchen und zu retten, was verloren ist.“

„Jetzt alle!“, fordert Alex sie auf.

Es geht noch etwas durcheinander, aber nach drei Versuchen haben sie den Spruch im Kopf.

20

Sonntag, der 12. Juli 1992

Am Sonntagmorgen gibt es Frühschoppen im Festzelt. Es sind etwa dreißig Leute da. Die Zahl erhöht sich rasch. Am späten Vormittag sind es etwa hundertachtzig Frühschoppentrinker.

Parallel dazu wird in der alten Kirche ein Festgottesdienst gehalten. Daran nehmen elf Personen teil. Wären es zwölf gewesen, wären es dreimal so viele wie üblich. Man kann also sagen, der Festgottesdienst ist gut besucht.

Jens hat seinen Großvater überredet, mitzukommen. Auf der anderen Seite neben ihm sitzt Lena, daneben ihr Bruder Alex. Pia muss wegen des Babys zu Hause bleiben.

Da der Mann, der sonst die Orgel spielt, heute beim Festzug sein Waldhorn blasen muss, spielt eine Ersatzfrau. Die kann die Melodie aber nur einstimmig spielen.

Der Pfarrer hat sich das naheliegende Thema „Heimat“ vorgenommen. Er spricht davon, wie Joseph und Maria in die Heimat von Josephs Familie wanderten, nach Bethlehem, und dort trotzdem ungeborgen waren, sodass das Kind Jesus in einem Stall zur Welt kommen musste. Er erzählt auch von Lot, der mit seinem Onkel Abraham die alte Heimat verließ und in Sodom eine neue suchte, aber dort in dieser sündigen Welt kein neues Zuhause fand.

Jens vermisst beim Zuhören ein wenig den roten Faden in der Predigt. Erst als der Pfarrer gegen Schluss das Bibelwort zitiert: „Wir haben hier keine bleibende Stadt, sondern die zukünftige suchen wir", versteht er. Das war wohl der rote Faden: Es gibt hier auf der Erde keine Heimat, die all unsre Bedürfnisse nach Vertrautheit und Geborgenheit erfüllt. Die gibt es erst in Gottes Welt, wenn wir diese verlassen. Und das im Glauben zu erwarten, und darauf hinzuleben, gibt schon hier, in diesem Leben, Geborgenheit.

Zum Mittagessen begnügen sich die meisten mit Würstchen und Pommes am Stand. Horst Montag aber legt Wert darauf, dass alle, mit denen er inzwischen Kontakt bekommen hat, seiner Einladung in die Gaststube im Hotel Theißen folgen. So sitzen sie also zusammen: Horst und Jens Montag, Jakob Rosenfeld, Alex Reeber mit seiner Frau Pia und dem Baby, Tomasz und Hugo Stoll. Lena bedient sie wie sonst auch, setzt sich dann aber zu ihnen. Der Schäferhund Hektor ist derweil auf der Terrasse angebunden und wird dort auch versorgt.

*

Am östlichen Rand von Erlbruch, etwas außerhalb, steht der Hof von Bauer Hoffmann. Dort, auf der Fläche zwischen Wohnhaus, Scheune und Silo, sammeln sich die Teilnehmer des Festzuges. Ihre Wagen haben sie schon in der letzten Nacht dort hingebracht.

Es ist ein buntes Durcheinander. Die Darsteller schlüpfen in ihre Kostüme, zumeist die Berufskleidung von früher. Die Bläser des Volksmusikvereins, durch Musiker aus Nachbarorten verstärkt, nehmen ihre frisch geputzten und in der Sonne glänzenden Instrumente. Einige Aufgeregte gehen schnell noch mal bei Hoffmanns aufs Klo.

Die Pferde, die den Wagen des Wandervereins ziehen sollen, werden angespannt. Ein Pferd der Reitergruppe wird durch den ungewohnten Lärm nervös und muss beruhigt werden. Traktoren fahren rückwärts vor die Wagen, die sie ziehen sollen. Bauer Hoffmann dirigiert sie mit lauten Rufen und heftigen Armbewegungen, damit in dem Gewühl niemand unter die Räder kommt.

Um Punkt vierzehn Uhr hebt Eberhard Kurz, der Lehrer, den Taktstock. Allmählich kehrt – nicht überall, aber doch unter den Musikern – Ruhe ein. Er gibt das Zeichen und die Bläser blasen, dass sich die Backen blähen. Trompeten schmettern, Klarinetten pfeifen, Tuben brummen den Bass, Trommeln schlagen den Takt – und mitreißende Klänge übertönen alle anderen Geräusche und legen Feststimmung über das ganze Tal.

Die Kapelle marschiert zuerst los. Es folgen zwei Leiterwagen, von Kühen gezogen, begleitet von Knechten mit Mistgabeln und Mägden mit Rechen. Dann zieht ein Traktor einen Anhänger, auf dem Leute an Steinen herummeißeln – eine Erinnerung an den Steinbruch, in dem früher viele Dorfbewohner Arbeit fanden. Auf Bauer Kromms Gefährt sitzen Indianer mit nacktem Oberkörper, den sie rötlich gefärbt haben, und mit Federschmuck auf der Schwarzhaarperücke – so wie sich mancher europäische Kinobesucher anscheinend die Ureinwohner Amerikas vorstellt. Eine hölzerne Kamera filmt sie mit ihren wilden Blicken auf die umstehenden Bleichgesichter.

Es folgt ein Wagen, auf dem die Mitglieder des örtlichen Turnvereins allerlei gymnastische Übungen machen. Einige laufen sogar in der Sportbekleidung nebenher, wie sie um 1902, bei Gründung des Vereins, üblich war. Schließlich folgt der Wagen des Wandervereins, dem sich die wenigen Sänger der „Liedertafel" angeschlossen haben. Den Schluss bilden Radfahrer, von denen zwei junge Burschen sogar mit nur einem einzigen Rad auskommen. Meisterlich, wie sie darauf balancieren!

Langsam – dem Tempo der Kühe und der Fußgänger angepasst – bewegt sich der Zug an den ersten Häusern vorbei.

Da kommen aus einer Scheune einige Jungen heraus. Sie sind in schäbige Kleidung gehüllt, die den meisten zu groß ist, sodass Ärmel und Hosenbeine um ihre Gliedmaßen schlackern. Sie ziehen einen großen Handwagen, zwei Männer helfen dabei. Es ist leicht zu erkennen: Das Gebilde darauf stellt den Eingang zum Tunnel dar. Ein junger Mann steht vorn auf dem Wagen, hält ein Spielzeuggewehr in der Hand und treibt die Jungen an. In der anderen Hand hält er einen großen Propeller.

In der Mitte des Wagens, über der Tunnelröhre, sitzt ein alter Mann. Eingeweihte wissen, dass er nur auf diese Weise an dem Zug teilnehmen kann, weil er nicht gut zu Fuß ist. Als sie bei den ersten Menschenansammlungen vorbeikommen, hebt der Mann eine Akku-Bohrmaschine hoch und setzt ein seltsames Gebilde aus Draht und Pappe darauf, das sich als eine Art Propeller erweist, als es sich bei schneller Drehung in die Luft schraubt.

In der Mitte des Dorfes weitet sich die Straße etwas. Von einem Marktplatz zu sprechen, wäre übertrieben. Aber es stehen hier einige Geschäfte, die Wohnhäuser sind etwas zurückgesetzt und machen so Platz für den alten Brunnen, aus dem sogar noch Wasser sprudelt. Das soll allerdings nicht getrunken werden, wie ein Schild warnt. Daneben steht die ebenfalls alte Dorflinde.

Hier stehen die meisten Zuschauer. Sie jubeln den Leuten im Festzug zu, manche bewegen sich im Rhythmus der Blasmusik.

Als der letzte Wagen sich dem Platz nähert, tritt der Friseur und Vorsitzende des Festkomitees, Paul Ackermann, auf die beiden jungen Männer zu, die die Jungen beim Ziehen des Wagens unterstützen.

„Herr Reeber! Was machen Sie da!"

„Wir ziehen diesen Wagen", lacht der.

„Ja, das sehe ich! Aber der Wagen ist nicht angemeldet!"

„Stimmt. Aber das macht doch nichts, oder?"

„Das macht sehr wohl etwas! Sie können doch nicht einfach ... Da könnte ja jeder kommen!"

„Wäre doch wunderbar, wenn jeder sich beteiligen würde, an dieses dunkle Kapitel in unsrer Geschichte zu erinnern."

„Aber wir haben mit allen Verantwortlichen extra beschlossen, den Antrag abzulehnen ..."

Der Rest des Satzes geht im allgemeinen Lärm unter,

als Kinder herandrängen und rufen: „Lass noch mal eins fliegen! Ich will auch eins fangen!“

Horst Montag lässt weitere Propeller aufsteigen. Sie schweben einige Sekunden feierlich über der Menge, senken sich dann herunter und werden mit großem Hallo aufgefangen.

Mitten zwischen den begeistert jubelnden Kindern und jungen Leuten stehen ein paar ältere, die ernst blicken oder den Kopf schütteln. Sie machen sich Gedanken, erstens, ob die Erinnerung an die tragischen Ereignisse vor einem halben Jahrhundert überhaupt hierhergehört, und zweitens, ob dieser Klamauk denn dem Ernst des Themas angemessen ist.

„Halt! Halt!“, ruft Ackermann. „Das ist … Das gehört nicht hierher!“ Aber niemand achtet auf ihn.

„Schau mal, Papa!“, ruft ihm Kevin zu, sein eigner kleiner Sohn, und zeigt ihm einen der Propeller, der ihn fast am Kopf getroffen hat. „Da steht was drauf. Lies es mir mal vor!“ Er geht noch nicht in die Schule.

Paul Ackermann nimmt das Ding und liest: „Jesus sagt: Kehrt um und glaubt an das Evangelium!“

„Was ist denn das … Lium-dings?“

„Das erkläre ich dir später.“

Ganz wie es geplant war, hat die Spitze des Zuges einen Bogen um die Metzgerei gemacht und kommt nun wieder auf den Platz zurück, sodass der Festzug wie eine Schlange ist, die sich in den Schwanz beißt. Weil der Zug nun länger ist, als man kalkuliert hatte, auch durch den zusätzlichen Wagen, gibt es jetzt eine Stockung. Die Bläser landen neben dem „Tunnelwagen“. Da es nicht richtig weitergeht, treten sie beim Musizieren auf der Stelle.

„Halt! Halt!", ruft Herr Ackermann immer noch.

Eberhard Kurz, der Dirigent, ruft ihm zu: „Was willst du denn? Wir halten doch schon!"

„Ich meine doch die da!"

„Die da" freuen sich derweil weiterhin großen Zulaufs. Einer der letzten Propeller, die Horst Montag noch zur Verfügung hat, bleibt an einem Ast der alten Dorflinde hängen.

In dem lauten und bunten Durcheinander wandelt sich die Erinnerung an die dunkle Vergangenheit bei den festlich gestimmten Zuschauern in ein unterhaltsames Vergnügen.

Mit großem Hallo beobachtet das Publikum, wie zwei halbwüchsige Jungen auf die Linde klettern, um das Ding herunterzuholen. Aber sie kommen beide nicht dran, weil das Flugobjekt zu weit draußen hängt, wo die Äste zu dünn zum Klettern sind.

Der Wanderverein fährt mit seinem Wagen direkt unter die Stelle. Rolf Winkler, der Banker, richtet sich auf dem Wagen hoch auf und schlägt mit seinem Spazierstock nach dem Ast. Der Propeller fliegt herunter und wird von Klemenz, einem der Jungscharjungen, aufgefangen. Einer der Kletterer denkt, die bequemste Art, wieder vom Baum herunterzukommen, ist, sich einfach auf den Wagen des Wandervereins fallen zu lassen. Er hat allerdings nicht damit gerechnet, dass die Attrappe von „O Täler weit, o Höhen" so wenig stabil ist. So stürzt mit ihm der ganze Schaumstoffberg ein. Allgemeines Gelächter belohnt die Vorführung.

Klemenz kommt zu Jens und zeigt ihm den Propeller. „Guck mal, Jens, da steht der Spruch drauf, den wir gelernt haben. Jesus sagt: Ich bin gekommen, zu suchen und zu retten, was verloren ist."

„Toll!", sagt Jens. „Da gilt es sicher für dich ganz besonders!"

*

Im Festzelt ist eine Lautsprecheranlage installiert worden, weil eine Sängerin auftreten soll, die sonst nicht richtig zu hören wäre. Und natürlich auch für die Reden.

Denn es ist sehr laut. Hunderte Menschen unterhalten sich. Manchmal brechen sie in lautes Hallo aus, wenn sie jemanden entdecken, den sie lange nicht gesehen haben, und der extra für das Heimatfest von weither angereist ist.

Jens und Lena haben einen Platz an der Seite ergattert, wo sie notfalls die Zeltplane anheben und problemlos verschwinden können.

Jens spielt schon mit dem Gedanken, das zu tun, als die angekündigte Sängerin auftritt, überwindet sich dann aber doch, zu bleiben.

Die aufstrebende Popsängerin aus einem Nachbardorf mit eigner Band hat extra einen Song für diesen Anlass verfasst. Da reimt sich Heimat auf Heirat, und eine Zeile endet auf Erl –, sodass die nächste mit „bruch" beginnen muss, und dann des Reims wegen irgendwie auf „Kerl" kommt.

Jens vermutet, dass die Künstlerin mit der schrillen Stimme wohl keine große Karriere vor sich hat. Aber man weiß ja nie, wie andere Leute empfinden. Und da er auch nicht weiß, wie Lena denkt, sagt er nichts.

Dann tritt ein pensionierter Lehrer und Amateur-Heimatforscher auf. Er referiert über die Geschichte von Erlbruch. Dass ihm kaum jemand zuhört, scheint ihn nicht zu stören. Er beginnt mit den Kelten, die hier offenbar einige Tonscherben hinterlassen haben. Eine von ihnen, die der Referent selbst gefunden hat, hält er triumphierend in die Höhe. Freilich kann niemand im Publikum sie erkennen.

Als der Referent zu den Hinterlassenschaften der Römer kommt, die hier in der Nähe den Limes gebaut haben, sieht Jens Lena fragend an und nickt zur Zeltwand hin. Sie versteht und beide schlüpfen nach draußen, wo sie sich am Rand des Zeltes halten.

„Heute Abend", sagt Jens, „will ich Tomasz zu seiner Arbeitsstelle bringen. Das habe ich versprochen. Und morgen früh bringe ich meinen Großvater wieder nach Hause."

Lena sieht ihn mit traurigen Augen an. „Kannst du nicht noch etwas Erfreuliches sagen?"

„Doch. Ich würde ja gern wiederkommen, wenn ich meine Pflichten erledigt habe. Aber ich kann mir keinen Aufenthalt im Hotel Theißen leisten. Hat vielleicht Alex in seinem Haus noch irgendein Stübchen, wo ich unterkommen könnte?"

„Da gibt es sogar noch mehrere ungenutzte Zimmer."

„Ich könnte, wenn du arbeiten musst, die Zeit nutzen,

und seine Fassade abklopfen. Also, nicht seine, sondern die seines Hauses."

„Ich würde mich riesig freuen, wenn du wiederkommen würdest, Jens!"

„Ich auch. Ich kann doch jetzt, wo ich dich kenne, nicht so einfach verschwinden. Es gibt noch so viel zu besprechen."

„Nicht nur zu besprechen."

„Stimmt. Ach, Lena, ich bin ... einfach glücklich. Wenn ich bedenke, was ich alles in der kurzen Zeit, seit ich Christ geworden bin, Großartiges erlebt habe – ich kann Gott nur danken."

„Hoffentlich geht das nicht so weiter!"

Jens schaut sie verwirrt an. „Hä? Was meinst du?"

„Na, willst du etwa alle drei Wochen ein neues Mädchen kennenlernen?"

Lena grinst ihn nun schelmisch an und Jens lacht. „Ach so! Nein, das will ich nicht. Eins reicht mir. Du reichst mir. Oh – sieh mal da!"

Ein Krankentransporter hält vor dem Zelt. Die hintere Tür öffnet sich und ein Rollstuhl wird herausgefahren. Hugo Stoll sitzt darin. Eine besondere Vorrichtung hält sein Bein gerade ausgestreckt.

„Er wollte es sich wohl nicht nehmen lassen, am Heimatfest teilzunehmen", vermutet Lena.

„Es ist nicht nur das."

„Ach – wusstest du, dass er kommt?" Lena sieht Jens erstaunt an.

„Ich wusste es, aber ich habe es nicht organisiert. Das haben die drei alten Herren ausgeklüngelt."

„Was für drei –"

„Mein Großvater, Hugo Stoll und Jakob Rosenfeld."

Ehe Stoll in das Zelt geschoben wird, stellt sich ihm jemand in den Weg.

„Elfriede Henrich", erkennt Lena.

„Und ihr Enkel Jannik."

Sie sehen, wie Jannik mit gesenktem Kopf vor den alten Mann im Rollstuhl tritt. Was er sagt, können Jens und Lena nicht verstehen.

„Er will sich wohl entschuldigen."

Lena meint: „Wahrscheinlich mit leichtem Druck von Eltern und Oma."

„Vielleicht sogar auf Anraten eines Anwalts."

„Egal. Wollen wir mal nicht in Zweifel ziehen, dass er es ernst meint."

Jetzt können sie beobachten, wie Stoll dem Jungen die Hand auf die Schulter legt, etwas sagt, und sie ihm dann hinhält. Ein Handschlag, dann schiebt der Pfleger den Patienten weiter. Jannik und seine Oma schauen ihm nach.

Plötzlich hören sie, dass Applaus im Zelt aufbrandet. Jens und Lena schlüpfen wieder hinein und setzen sich auf ihren alten Platz. Die Leute freuen sich, dass Stoll gekommen ist, der durch den Mittelgang nach vorn geschoben wird.

Paul Ackermann geht zu dem Redner auf der Bühne. Weil er dem Mikrofon zu nahe kommt, können die meisten gut verstehen, wie er sagt: „Komm endlich zum Schluss, Ernst!"

Der Redner, der gerade erläutern wollte, welcher Fürst im späten achtzehnten Jahrhundert der regierende Landesherr für diese Region war, blickt etwas beleidigt auf, nimmt dann aber sein Manuskript und sagt noch: „Wer Näheres wissen will, kann mich ja persönlich ansprechen."

Mit einem schiefen Lächeln tritt Ackermann ans Mikro und sagt: „Vielen Dank, mein lieber Ernst, für deine kenntnisreichen und detaillierten Ausführungen! Nun hören wir ein Bläserstück unseres –"

„Moment, Paul!", sagt Hugo Stoll, der inzwischen vorn angekommen ist. „Könnte ich noch etwas sagen?"

„Natürlich, Hugo. Hier drüben ist so eine Rampe, da kannst du dich hochfahren lassen." Dann wendet sich Ackermann wieder zum Publikum: „Wir freuen uns, dass unser Mitbürger Hugo Stoll trotz seiner Verletzung zu uns gekommen ist."

Es dauert keine Minute, da steht der Rollstuhl mit dem Alten in der Mitte der Bühne. Jemand verstellt das Mikrofon so, dass er hineinsprechen kann.

„Vielen Dank, dass ihr mich so freudig begrüßt habt!", sagt Hugo. „Äh – ich bin ja kein Redner. Und darum … na ja, hört einfach mal zu, was ich sagen will! Ihr wisst ja, dass auf mich geschossen wurde. Es war nicht so, wie manche vermutet haben, dass sich jemand rächen wollte für das, was damals im Tunnel passiert ist. Und doch hängt es irgendwie damit zusammen. Weil die Waffe eine Pistole der SS-Leute war, die seit der Zeit damals auf einem Dachboden herumlag. Und ich hatte noch einen Propeller aus der damaligen Fertigung. Der war gewissermaßen der Anstoß für die Entwicklung der Dinge.

Ich meine, es liegt so viel Altes und Gefährliches bei

uns herum. Nicht nur Dinge, sondern auch Erinnerungen, Vorurteile, negative Empfindungen, so was eben. Das muss ans Tageslicht. Dann erst kann es geklärt werden, damit es seine tödliche Wirkung verliert. Es bringt nichts, das alles unter den Teppich zu kehren. Darüber habe ich während meiner Zeit im Krankenhaus viel nachgedacht.

Darum ... ja, also, es sind zwei Männer unter uns, die damals dabei waren, genau wie ich. Einer bei den Wachleuten und einer bei den Zwangsarbeitern. Man könnte auch sagen: einer bei den Tätern und einer bei den Opfern. Ich darf das so formulieren, sie haben mir die ausdrückliche Erlaubnis dafür gegeben.

Der eine ist Horst Montag, der damals die Verantwortung für die Wachmannschaft hatte. Und der andere ist Jakob Rosenfeld, der mit einigen von euch in die Schule gegangen ist. Der aber, weil er Jude war und Angst hatte, deportiert zu werden – eine berechtigte Angst –, sich freiwillig zu den Zwangsarbeitern begab, um sich dort zu verstecken. Feinde damals, aber heute ...“

Er macht eine Pause und die beiden alten Männer kommen zu ihm auf die Bühne.

Horst Montag stellt das Mikrofon auf seine Höhe ein und sagt, während Hugo Stoll in seinem Rollstuhl zurückfährt: „Ich war Sturmbannführer der SS. Damals war ich stolz darauf, heute schäme ich mich dafür. Heute sehe ich, dass es eine Schande ist, wenn man stolz auf seine Macht ist, und sie nutzt, um andere leiden zu lassen. Ich bitte alle um Verzeihung, die damals unter mir gelitten haben. Stellvertretend für alle bitte ich Jakob

Rosenfeld um Verzeihung, der unter uns ist, vielleicht der letzte noch Lebende aus dem Tunnel."

Es herrscht Totenstille im Festzelt.

Rosenfeld tritt neben Montag und sagt: „Horst Montag hat mich um Verzeihung gebeten und ich habe sie ihm gewährt. Wir sagen das hier nur noch einmal öffentlich, weil wir der Meinung sind, dass dies eine Sache ist, die in die Öffentlichkeit gehört. Weil ihr alle irgendwie beteiligt seid. Ich gebe zu, dass es mir anfangs nicht leichtfiel, zu vergeben. Aber inzwischen habe ich Horst Montag als einen ehrlichen Menschen kennengelernt. Und darum will ich alles, was damals geschehen ist, nicht nur vergessen, sondern bewusst vergeben."

Er reicht dem anderen die Hand.

Im Zelt wird geklatscht. Allerdings nicht von allen. Es gibt wohl einige, die diese Demonstration peinlich finden. Andere wollen weder vergeben noch um Vergebung bitten. Die Mehrheit aber scheint sich zu freuen.

Montag und Rosenfeld schieben Stoll behutsam von der Bühne.

Es entsteht eine kleine Pause, dann tritt Paul Ackermann wieder ans Mikrofon. Schließlich ist er für das Programm verantwortlich.

„Liebe Mitbürger", sagt er. „Hier ist der Platz, bekannt zu geben, dass ich mich schon lange mit dem Gedanken trage, am Eingang des Tunnels eine Gedenktafel anzubringen, um an alle die zu erinnern, die damals dort leiden mussten."

Zustimmendes Gemurmel.

Jens flüstert Lena zu: „Wie lange trägt er sich wohl

schon mit dem Gedanken? Zehn Minuten? Oder fünfzehn?“

„Außerdem steht da noch eine Idee im Raum. Ihr wisst, dass unser Turnverein Pläne schmiedet, einen lokalen Triatlon einzurichten. Die Athleten sollen durch den See schwimmen, mit dem Rad nach Intringen fahren und dann laufen. Wohin, das ist noch nicht klar. Jemand meinte, sie könnten durch den Tunnel nach Erlbruch zurücklaufen. Aber das war natürlich nur ein Scherz. So viele Sportler mit Taschenlampen durchs Dunkel! Es ginge sowieso nicht, wenn die Bahn wieder fährt. Aber wir werden schon ein Ziel finden. Worauf ich hinauswill: Ich schlage vor, dieses Sportereignis „Isaak-Stern-Gedächtnislauf“ zu nennen. Im Gedanken an unseren ehemaligen Mitbürger Isaak Stern.“

Auch hier lässt sich zustimmendes Gemurmel hören, wenn auch verhalten.

Inzwischen haben sich die drei alten Herren zu dem Tisch begeben, an dem Jens und Lena sitzen.

Hugo Stoll sagt leise, sodass nur seine Freunde es hören: „Da hat aber einer sehr schnell sein Mäntelchen nach dem Wind gehängt.“

„Aber es ist ein Anfang“, sagt Jakob Rosenfeld. „Damit wollen wir zufrieden sein.“

Lena sagt, ähnlich wie vorhin bei der Entschuldigung von Jannik: „Man soll dem anderen nie falsche Motive unterstellen, solange man nicht sicher ist. Erst mal das Gute denken!“

Und Jens fügt hinzu: „Es kommt vor, dass Menschen

umdenken. Manchmal geht es von einer Minute auf die andere. Manchmal dauert es Jahrzehnte."

„Ja, das gibt es", murmelt bestätigend sein Großvater.

*

Lena sieht auf ihre Armbanduhr.

„Nicht, dass du denkst, ich wollte dich loswerden! Aber sagtest du nicht, du seist mit Tomasz verabredet? Um fünf Uhr?"

„Oh – gut dass du mich erinnerst!" Jens springt auf.

Um von der Festwiese zum Hotel zu kommen, muss er durch den Ort laufen. Dort ist jetzt weitgehend Ruhe eingekehrt, weil die meisten im Zelt sind oder in der Nähe.

Ein kleines Mädchen, vielleicht vier Jahre alt, steht vor dem Zaun von Hugo Stolls Haus und schaut Jens entgegen.

„Du!", sagt es, als er herankommt.

„Ja? Kann ich dir helfen? Suchst du deine Mama?"

Das Kind schüttelt den Kopf.

„Wie heißt du denn?"

„Emily."

„Wie kann ich dir helfen, Emily?"

Das Mädchen zeigt auf einen der Propeller aus Pappe, der hinter dem Zaun liegt. „Ich möchte auch so ein Fliegeding haben. Die großen Jungen wollten über den Zaun klettern, aber sie hatten Angst vor dem Hund."

„Ach, das ist doch nur Hektor. Der ist mein Freund. Warte, ich hole dir das Fliegeding."

Jens klettert über den Zaun und hebt den Propeller

auf. Hektor kommt heran, und Jens krault ihn. Dabei liest er, was in Lenas Handschrift auf der Pappe steht: *Jesus sagt: Siehe, ich bin jeden Tag bei euch bis zum Ende der Welt.*

Was für eine Zusage!, denkt Jens.

Er klettert zurück und gibt den Propeller dem Mädchen. „Weißt du, Emily", sagt er, „was darauf steht, ist noch viel wertvoller als das Spielzeug. Da steht, dass Jesus immer bei uns ist. Wir sehen ihn zwar nicht, aber er ist da, immer, ganz nah! Bei dir, und natürlich auch bei mir."

„Danke!", sagt artig das Mädchen. Dann wirft es das Ding in die Luft. Aber es fliegt nicht.

„So geht das nicht", erklärt Jens. „Das fliegt nur, wenn es sich ganz schnell dreht."

„Ach so. Dann kann ich ja gar nicht damit spielen. Dann schenke ich's dir."

„Danke!", sagt Jens, knickt den Propeller zusammen und steckt ihn ein. Er muss nicht mehr fliegen können, es geht ihm nur um das „geflügelte Wort", das darauf steht. „Danke, Emily! Es ist ein sehr wertvolles Geschenk!"

EPILOG

Im Juni 2021

Nachdem Jens Montag seine Geschichte beendet hat, hängen er und seine Tochter Hanna noch eine Weile schweigend ihren Gedanken nach.

Dann nimmt Hanna das verbogene Drahtgestell aus ihrer Tasche. Sie braucht nicht zu fragen, ob dies der kleine Propeller aus Draht und Pappe ist, den das kleine Mädchen damals ihrem Vater gab. Sie biegt ein wenig daran herum, um ihm die ursprüngliche Form zurückzugeben. Aber das gelingt nur mangelhaft.

„Es wird nicht mehr fliegen", sagt Jens. „Aber dafür habe ich es auch nicht mitgenommen. Es sollte nur ein Erinnerungsstück sein."

„Zur Erinnerung an deine Erlebnisse hier und an die Menschen, die beteiligt waren, nicht?"

„Auch an die, die nicht mehr beteiligt sein konnten, und doch zu der Geschichte gehören."

Jens hilft seiner Tochter mit seinen kräftigeren Händen, den Draht zu biegen. Dann zeigt er auf die Schrift, die man auf der Pappe kaum noch lesen kann.

„Und zur Erinnerung daran", sagt er. „Jesus sagt: ‚Ich bin jeden Tag bei euch bis an das Ende der Welt. Das hat sich bewahrheitet. Ich kann es nun, beinahe dreißig Jahre später, bestätigen."

„Kann ich es behalten?", fragt Hanna.

„Gern. Aber wie gesagt, es fliegt nicht mehr. Es steigt nicht mehr zum Himmel auf. Aber vielleicht kann es dich daran erinnern, dass deine Gebete jederzeit zum Himmel aufsteigen können. Ganz ohne Drehung. Und vielleicht in noch einmal dreißig Jahren –"

„Wenn ich ungefähr so alt bin wie du jetzt", ergänzt sie schmunzelnd.

„Vielleicht kannst du dann auch im Rückblick sagen: Es stimmt! Die Zusage von Jesus hat sich bewahrheitet. Er war bei mir."

Vater und Tochter sehen sich an. Dann rückt die junge Frau näher an ihn heran und lehnt sich an seine Schulter. Das hat sie früher als kleines Mädchen gern gemacht, inzwischen aber schon lange nicht mehr.

„Es war gut, dass du mich hierher mitgenommen hast", sagt sie leise. „Danke!"

Er nickt nur und gemeinsam schauen sie schweigend ins Tal hinunter.

Da kommt gerade ein leuchtend roter Triebwagen aus der Öffnung des Tunnels gefahren. Er stößt einen lauten Pfiff aus – so als freue er sich, wieder im Licht der Sonne zu rollen.